固定資産評価解体新書

堀川　裕巳

はじめに

固定資産評価を巡る問題は相当昔からあったが、その大半は社会的に取り上げられることは少なかったように思われる。

個人的には、不動産鑑定士として昭和63年評価替時から一部の市町村の評価替についてお手伝いをさせていただき、今年で評価替業務は12回を数えることになった。

その間色々な問題にぶつかり、悪戦苦闘しながら今日まで来てしまったが、固定資産評価の問題は、登記制度や都市計画、建築、道路、上・下水道、農地法等の取扱いにおける実務上の問題に起因することが多く、税務課だけで対応できるレベルを超えているのが現状である。

固定資産評価の本質的な問題は、納税者の無関心もさることながら、行政情報の問題・縦割行政の弊害・行政の無謬性や担当人員の減少・スキルの低下等に起因する他、マスコミの報道姿勢にも問題があると考える。間違いを情緒的に報道するだけでは、課税庁と納税者の対立を煽るだけで、固定資産評価のあり方に対する本質的な議論は進まない。

本書の執筆の動機は、これまでの経験や実際に体験した問題から見える我が国の国土情報の不確実性、さらには縦割行政に起因する評価上の矛盾等について、現場からの一実務者として感じたり思ったりした事を、評価を担当する行政の方々や納税者の方々に興味を持っていただければと思ったことにある。

地方財政の基幹税目と言いながら、評価のあり方や評価のプロセスは矛盾に満ちており、少子高齢化・人口減少時代を生き抜くためには、固定資産評価の本質的な議論は避けて通れないと考えている。

ところで、固定資産税は地方自治を支える基礎となっているが、賦課主義のため、納税者の関心は極めて低い。一方、景気や所得に関係なく賦課されるため、売るに売れない不動産を所有している納税者及び景気の低迷にあえぐ企業や所得の低い者にとって、重税感は拭えない。

更に、過疎に悩む自治体では、地価水準の長期下落傾向から、固定資産税による税収が減少し続けており、これに人口減少による住民税の減少が加わり、評価替のための費用は財政を圧迫しつつある。

他方、行財政改革のあおりから、職員の減少も著しく、人事異動の高速化もあって、評価上必要とされるスキルの低下も著しい。

また、情報開示が進むと説明範囲も広がり、責任も重くなるが、納税者に十分な説明をできるようにするためには、経験豊富な専門家を養成することが必要となる。

しかし、その機会も機関も予算もないのが実情である。

尚、本書の内容の大半は、これまで資産評価政策学会・日本不動産学会に寄稿した論文及び一般財団法人資産評価システム研究センター主催の固定資産評価研究大会で発表したレポート等を基にした個人の意見であり、学問的に見れば的外れの所もあると思われるが、ご容赦願いたい。

本書が地方行政サービスの根幹を担う固定資産評価のあり方等に対する国民的議論のキッカケになれば幸いである。

固定資産評価解体新書　目次

第五章　固定資産評価の均衡化・適正化の壁

第　一　章

固定資産税の
基礎知識

１．固定資産税とは何か

不動産を所有している人で、固定資産税という税を知らない人はいない。しかし、固定資産税がどういうもので、税額は誰がどうやって決めているかということを知っている人は少ない。

固定資産税の沿革は第３章を参照していただくことにして、ここでは固定資産税そのものについて考えてみる。

固定資産税は、課税客体である固定資産に課税される税金である。課税客体である固定資産とは、土地・家屋・償却資産の総称とされている。（要説固定資産税・令和元年度版）

なお、償却資産税は、不動産ではないので、ここでは立ち入らないこととする。

ところで、不動産に対する固定資産税は、誰がどうやって決めているのであろうか。

2. 固定資産税は誰がどうやって？

固定資産税は、市町村税とされており、市町村がその市町村内に所在する土地・家屋について、その所有者に課税する税金である。

所有していれば課税されるので、その市町村に居住しているかどうかは問わない。

では、固定資産税はどうやって決めているのであろうか。

詳細は第4章以下のとおりであるが、ここでは、土地は公示価格等の一定割合（70%とされている）を基礎に、一定のルールに基づき評価（実は評価とは名ばかりのルールに基づく計算）することになっている点と、家屋については再建築価格、つまり、現在新築すると想定して求められる価格を基準として評価することとなっている点を頭のスミに入れていただければと考える。

評価は3年毎に見直されるが、これを評価替と称している。

今度の評価替えは令和3年であるが、評価替えの作業は令和元年度からスタートしている。（評価替えの作業は、評価替え年の2年前から始まる）

令和元年度は、標準宅地の鑑定評価、令和2年度は標準宅地の鑑定評価を基に、路線価を付設する作業となる。令和3年4月には、前年の1月1日を評価基準日とした評価を基に算定された税額を記載した納税通知書が発送されて完了となる。(5月に発送される市町村もある)

尚、地価が下落している時は、前年の1月1日から7月1日までの下落を反映させることができるとされている。

3. 固定資産税に誤りが多いのには訳がある

固定資産税は、土地・家屋の時価を基に課税されるが、実際のところ、公示価格の7割等を基に固定資産評価基準に定められた計算ルールで計算しているだけであるから、計算上の前提条件が正しいとしても、鑑定価額と固定資産評価額が一致することはほとんどない。

一般的に、鑑定評価額が固定資産評価額を下回ることはほとんどないものと思われるが、それは評価のスタート時点で、公示価格等の3割引とされているからである。

では、固定資産税評価の誤りとは、一体何なのであろうか。

固定資産、特に土地の評価のプロセスは、後述するように極めて複雑であり、全てを理解することは難しい。

一方、日本では、大都会を中心に国土調査が行われていないので、正確な図面はない。このような中で、土地評価は間口・奥行等、土地の状態等を計測して評価（計算）する仕組みとなっている。現地（実際の土地）を登記通りに確定しようと思っても、基礎となる図面の大半は、明治時代に作成された不正確な図面（公図）しかないのである。したがって、このような地域では、評価の前提となる間口・奥行・形状・地積が絶対的に正しいという保証はないので、誤りがある可能性は否定できない。

全ての土地が実測されていれば、少なくとも間口・奥行等の計測等の問題は少なくなるはずである。

更に問題なのは、固定資産評価は、賦課期日現在（固定資産税が課税される基準日＝1月1日とされている）の現況に基づいて評価すべきとしていることである。

課税客体である土地約1億8千万筆（固定資産税の概要・総務省）の現況を、毎年確認することはできない。できないから確認していないのが実情である。

判例を見ても、現実にはできないので、地方税に定める現況主義は努力規定としている。

特に、地方では何十年間も放っておかれると、登記地目と評価すべき地目が異なってしまい、結果的に評価誤りとなるケースは多い。(筆者の経験でも5百倍異なるケースがあった)

税務課の担当者は2~3年で変わり、評価替(3年に一度評価を見直すこと)を経験しないまま他の部署に異動することも多い。

したがって、現在ある評価の全てに誤りが無いかどうかを点検する時間もスキルもないのが実情である。

課税誤り・評価誤りの原因は、複雑な評価基準のありとあらゆる場面に内在しているが、納税者も、評価よりも税額の変動にしか興味がないので、評価の適正性にあまり関心を示さない。

たまに、地雷を踏んで爆発することもあるが、問題となるのも一時で、時の経過と共に忘れ去られ、抜本的に考えようという気運は起きない。

特に、地方の地価水準は低いので、訴の利益がない、つまり、期待される還付税額よりも経費（弁護士費用等）の方が高くなるので、争うことはほとんどない。

市町村は市町村で、誰も苦情を言ってこないので、評価に問題は無いと思っている。

固定資産税は市町村財政の基幹税目ではあるが、消費税ほど社会一般の注目を集めることがないのは、残念という他はない。

納税者も、一度は税務課に行って、自分の土地・建物の評価のプロセスを聞きに行くことも大事ではなかろうか。

税務課も、多数の納税者が説明を聞きに来るようになれば、勉強にもなるのではと考える。

税務課と納税者の適度な緊張関係は、地方自治見直しの起爆剤となり、住民参加の気運が高くなるのではと期待される。

コラム１

土地の評価額は時価とされているが、時価を判定するのは容易なことではない。

土地においては一物四価といわれて久しいが、現在も似たような状況になっている。

一物四価とは、一般的に一つの土地を巡る価格の相異を示すことが多い。

１．取引価格（実勢価格）

２．公示価格等

３．相続税評価による価額

４．固定資産評価による価格

取引価格と公示価格は一致することもあるが、一致しないことも多い。

特に、地価変動が大きいときはその傾向も顕著となる。

なお、地価上昇時の公示価格は取引価格より低く、地価下落時には高くなる傾向がある。（タイムラグがあるため）

相続税評価による価格は、公示価格の２割引、固定資産評価による価格は３割引とされている。

よって、一つの土地に四つの価格が成立することになる。これを称して一物四価と言われている。

実際の取引価格はともかく、上記のどれもが適正地価と言われても、なかなかピンとこない。

適正時価は評価の目的によって変わるということを、正面から認識する必要があると考える。

第　二　章

固定資産税を巡る
昨今の風潮

固定資産税は、土地・建物の時価を基に課税されているが、土地・建物の時価は何時・誰が・どうやって判定しているかを理解している人は少ない。おそらく、納税者の大半は理解できていないものと思われる。課税側の担当者も2～3年で入れ替わるため、十分な理解ができているとは思えない。固定資産税は、時価を基に課税されるが、時価の判定も容易ではない。仮に時価の判定ができたとしても、土地・建物の登記の状態と現実は必ずしも一致しない。これに、土地・建物の時価に影響する行政法による規制や行政事務の不統一・専門家の立ち位置等の不明確さが加わり、先が見えない状態になっている。

本章では、これらについて網羅的に概観し、問題点を見ることにする。

1．固定資産税を巡るこれまでのマスコミの報道

固定資産税に関する報道は、意地悪く言えば勧善懲悪的で、役所が一方的に悪いという論調が多い。

５年程前に、週刊現代が『あなたの固定資産税取られすぎです』というタイトルの特集を組み、報道した。

これによれば、「長い年月そういうもんだと考えて、特に見直すこともなく納めてきた固定資産税。しかし近年、固定資産税を払いすぎていたという事例が頻発している。あなたの固定資産税は大丈夫か？」と特集の意図を紹介している。

この中で、小規模住宅用地の特例誤りの例を紹介している。

２０１６年３月の日本経済新聞では、過払税金企業が『奪還』と見出しをうち、上場ＲＥＩＴ15社が課税誤りで還付を受けた例を紹介している。

２０１８年５月には、週刊エコノミストが『固定資産税を疑え』と題し、特集を組んでいる。

この中で、使い道のない土地の評価があまりにも高いのではと納税者から相談された

例を紹介し、土地評価に疑問を投げかけている。

また、この特集中では、基本的な土地評価の方法を例示の上、解説している。

内容的には流石と思われるが、ごく普通の納税者がこれを理解することは、困難と思われる。

それ以外にも多くの報道を見かけるが、交通事故と同じで、「またか」くらいの社会的反応しかなく、社会的問題として真正面から取り上げられることはない。

これらの記事の基となった納税者の皆様にはお気の毒様としか言えないが、大多数の納税者にとっては、他人事と受け止められているような気がしてならない。

2. マスコミの報道姿勢

固定資産評価の問題は相当前から指摘されているが、そのほとんどは、「固定資産評価は間違いなく評価できる」という前提に立っている。

つまり、無謬性の原則を前提としているため、間違い探しが主で、その間違いが大きければ大きい程ニュースバリューは高くなるので、マスコミにとっても都合が良いことになる。

一方、課税庁も個人の納税義務者を相手にしている場合は御しやすいと考え、納税者対応も高圧的になりがちとなるが、これがマスコミによって報道されると、社会問題化し、市町村長も選挙のことを考えるとなおざりにするわけにも行かず、担当職員にきちんとやれと号令をかけることになる。

ところで、マスコミの報道姿勢をみると、議会で問題となったケースを散発的に取り上げただけである。

問題となったケースをみると、小規模住宅用地の適用誤りや、現況地目の誤りから評価額が大幅に高くなっていること等のように、比較的単純なものが多い。

また、建物にしても、構造・鉄骨の厚み等の建物の物理的状態の誤りの他、建物の用途、例えば、一般倉庫と冷凍冷蔵倉庫を取り違えた等のようなケースが大半で、これも比較的単純な問題と言えるのではと思っている。

このような中で、朝日新聞が固定資産税に関する問題を長期に亘って取材し、記事化している。その扱いは大きいとは言えないが、これらの取材を基にして、２０１７年３

月に朝日新聞経済部から『ルポ税金地獄』が発刊された。

この本は、固定資産評価を中心とした矛盾を指摘した労作ではあるが、どうしてそうなるかについての制度上の問題に切り込んでいるとは言えない。

少なくとも筆者はそう思っている。

固定資産評価は複雑怪奇で、関連する行政法上の矛盾も多く、相当の経験を積んだ者でなければ理解できない。

しかし、仮に理解できたとしても、そもそも我が国の国土情報の問題が根元にあるので、課税庁としても限界があるのは否定できない。

課税誤りを指摘するのは簡単であるが、不動産登記法をはじめとする我が国の多様な制度が完璧ではない以上、課税誤りは無くならないと思っている。

3. 固定資産評価と専門家

①固定資産の評価と課税方法

固定資産税は、土地・家屋・償却資産に対する地方税である。

償却資産は、機械・設備・コンピュータ等の資産であるが、これについては申告主義で、取得原価主義のため、時価の判定はないので問題は少ない。

他方、土地・家屋は取得原価とは関係なく、賦課期日現在の現況を前提とした時価主義を採用し、課税方法は申告主義ではなく賦課主義を採用している。

言葉を換えれば、所有者は自分の財産が一体どういうルールで評価されているのかを十分に理解することは難しい。

また、賦課主義のため、課税庁が一方的に評価し課税しているが、行政の無謬性原則のため、納税者の指摘を待たずに課税庁自らが課税誤りを認めることはほとんどない。そのために、納税者もマスコミもヒステリックな対応となりがちであるが、課税誤りの温床は、課税客体の把握や評価の前提条件等に大きく広がっており、その闇は深いということについて、あまり認識されることはない。

特に、中央における議論は観念的で、キチンと評価・課税できるはずという前提で議論されることが多い。

現場担当者からみると、実態とあまりにも遊離しているため、対応できない。対応できないから、見直しされることは少ない。

現状の固定資産評価制度は、納税者の無関心で支えられているとしか言えないと思わざるを得ない。

②土地の評価

土地は、平成6年評価替時から、地価公示価格の7割を目途に評価するものとされた。

当時、地価公示地点は約3万6千地点。

これに対し、固定資産（土地）を評価するための標準宅地は、全国で約40万地点といわれていたことから、地価公示地点のみでは全国の標準宅地を評価することはできないと考えられた。

この政府のお陰で、不動産鑑定業界は評価替特需に、沸きに沸いたのである。

標準宅地の鑑定報酬は、地価公示に準ずるとされたことから、全国で約2百60億円の予算がバラまかれることになった。

評価替は3年に一度とはいえ、地価公示予算の10倍を超える予算（当時）である。

これにより、鑑定業界はどれ程潤ったかしれない。

しかし、鑑定業界以上に潤ったのは、航測会社である。

図面作成を主としていたが、標準宅地の評価格を基に、市町村内の路線に価格を付設する作業が必要となったため、標準宅地の鑑定報酬の10倍以上（推定）の予算が消化された。このことを知る納税者は、ほとんどいないものと思われる。

いずれにしても、公共事業と化した評価替作業に、大都市はともかく、地方の不動産鑑定士は役所に依存することになってしまった。

このような状態の中で、納税者のために立ち上がる不動産鑑定士を望むのは、酷というべきかもしれない。

役所に依存しつつ納税者のために闘えば、発注者である役所の反発を買うことは目に見えている。当初、都道府県毎の協会契約であった評価替のための鑑定業務は、平成9年評価替から通達が廃止され、入札となってしまった。

その結果ダンピングが横行し、談合等、納税者そっちのけの状態となっている。

このような中で、２０１８年12月の毎日新聞及び２０１９年1月の西日本新聞で、鹿児島県出水市の固定資産税評価のための標準宅地の評価額に誤りがあると報道された。

この二社の報道によれば、発注者である出水市が入札を行い、最低価格を提示した40代の不動産鑑定士に、標準宅地2百62ヶ所の鑑定を発注した。鹿児島県不動産鑑定士協会は、ダンピングに近い報酬では適正な評価は困難と判断し、情報公開条例によりこの不動産鑑定士の評価書を取り寄せ、独自に精査した結果87ヶ所の誤りがあるとして出水市に申し入れ、議会でも問題となり、再鑑定に必要な補正予算案6百80万円が可決されたとしている。

鑑定評価は極めて専門的で、発注者がその内容を自ら精査して完了検査をすることはできないが、鹿児島県によらず、全国的にも入札は蔓延している。

一般事務職である、経験・知識もない担当者が上司に言われて入札をしているが、課税庁は価格が知りたいだけで、評価書という書類にはあまり興味を持っていないため、そのまま受け取ることになる。

実際、知人がある市の税務課長に鑑定内容がズサンであると指摘したら、鑑定料が安ければ内容はどうでも良いと取り合ってくれなかったとのことである。知人も嫌気がさして廃業してしまったが、残念というほかはない。

出水市の例はまさにこの典型的な例で、第三者である鹿児島県不動産鑑定士協会がチェックしない限り、分からなかったことである。

これ以外にも似たようなケースは多々あるが、マスコミはその内容が分からないため、内部通報がなければ取り上げることもない。

一時期に大量の評価を行うので間違いは避けられないが、内部の人間しか分からないのであるから、大人の対応があればと思っている。

いずれにしても、高度の試験に合格しながら、やっていることは他の公共事業界と似たような談合体質となってしまった面も否定できない。

職務権限のある担当者から先生、先生と言われるので、独占禁止法を意識することもあまりない。

その一方で、少子高齢化や人口減少で取引は激減し、不動産鑑定士にとっても時価の判定は困難となりつつある。

時価がハッキリ分からないため変動率が中心となった結果、実勢価格と乖離し、大都市では公示価格では買えず、田舎では公示価格で売れないという現象が生じている。公示価格は本当に時価を反映しているかという疑問に、真正面から向き合う不動産鑑定士もマスコミもいない。

もっとも、公示価格を目安に売買する人はほとんどいないので、公示価格に興味のある納税者は少ない。直接的な実害がないので、興味はないということかもしれない。しかし、固定資産税は公示価格を目途に評価されているのであるから、固定資産税が高いか安いかの出発点は、公示価格となる。

納税者はこのことを良く理解する必要があるが、申告主義ではないため、あまり興味を示さない。

賦課主義が納税者の無関心を醸成したといっては、言い過ぎであろうか。それとも、日本人の大半の税に対する意識は、江戸時代のままというしかないのであろうか。

地方税に対する意識が低いということは、民主主義とは程遠いと言わざるを得ない。

③建物の評価

建物の評価は、再調達価格に耐用年数による減価率を乗じて求めている。

建物は、土地とは異なり、市町村に一級建築士等の専門家はほとんどいないので、一般事務職が見よう見まねで計算していることが多い。

建物の評価も、適正時価とはいいつつも、築年・床面積・仕様等が同じなら、僻地にポツンと建っている一軒家も都会の一軒家も同じ価格になる、というのは如何なものかと思うが、納税者もあまり騒ぐことはない。

評価額が高いと争っても、裁判所は家屋の評価基準どおりに計算していれば、どこに所在していようが適正時価であると認めている。固定資産評価額の10分の1の価格でも売れない建物の時価が固定資産評価額と同じと言われても、納得できる人はいない。

個人的には、適正時価というのには問題があると考えているが、そうでもしなければ大量の建物を一度に評価できないので、やむを得ない側面もある。

いずれにしても、過去からの評価を引きずっており、それが基準どおりになされて

いるかどうかを後の世代がチェックすることは難しい。(人もいないし、時間もない)

更に問題なのは、非木造・非住宅の評価である。

これらの建物は、市町村に評価（計算）できる職員がいないため、都道府県が不動産取得税のために評価した結果をもって固定資産評価額としている。これを通知評価というが、この評価に問題があっても、市町村の職員は答えることはできない。

自分で評価していないし、そもそも評価技術がないので、問題点の理解もできない。

他方、市町村に通知した筈の評価額があっても、その根拠となる評価調書がないという市町村もある。

筆者も、実際に建物評価が高すぎると納税者から相談を受けたので、税務課に評価調書を下さいと言ったらどうか、と指導したところ、税務課はあろうことか、評価調書はありませんと言ったとのことである。

これでは、建物評価が基準どおりにされているのかどうかをチェックすることができない。審査申し出をしたら、税務課はどう説明するのか。

個人的には裁判を提起した方が良いのではと思っているが、評価調書がないのに、基準どおりの評価だから適正だと主張するのであろうか。評価調書のない建物評価の適正性について、裁判所の見解を知りたいと思っている。

何故こういう例を挙げたのかというと、このような例が少なからずあるからである。納税者の無知・無関心がかろうじて建物の評価を支えている（？）が、タダでも要らないと言われている地方の土地・建物の時価が、評価基準という書類の中にしか存在しないということが何時まで続くのであろうか。

建築士業界も建物の評価のあり方について提言して欲しいと願っているが、寡聞にして知らない。

尚、建物評価に関しては、制度上の問題もあって、民間活力の活用は進んでいないため、建築士業界に今のところ恩恵はない。建物評価は極めて専門的にもかかわらず、建築士を活用するという動きがないということに危機感を覚えるが、社会の反応は鈍い。現在の建物評価基準のままこれからも評価するというのならば、建築士の活用は欠かせないと考えるか、素人でも可能だというのなら、いっそＡＩを活用すべきかもしれない。

④沈黙する税理士業界

税理士は、税の専門家である。

にもかかわらず、固定資産税評価に詳しい税理士は、極めて少ない。

聞くところによれば、税理士試験の科目には固定資産税もあるが、この科目を選択する受験者は少ないとのことである。

その主たる理由を考えると、評価のプロセスは税法以外の知識を要求されるが、この分野はどちらかというと不動産鑑定士の分野であり、税理士からみるとハードルが高い他、国税と異なり、課税庁が一方的に評価し、それに基づいて課税する賦課課税方式のため、基本的に税理士が関与する機会が少ないということが原因だと思われる。

固定資産税の最大の問題は、税法解釈の問題ではなく評価の問題であるが、相続税のように納税者に代理して税理士が評価することはないので、税理士の関心の程度が低くなるのはやむを得ないと考える。

しかし、固定資産評価のうち建物価格は相続税に直結している他、相続税路線価のない地域の土地の評価は、固定資産評価が基になっているので、税の専門家である税理士が関心を示さないというのでは、納税者である国民は、不幸であるとしか言えない。

固定資産評価は多様な専門家の知識を必要とするが、地方自治の根幹を支える固定資産税に対し、税理士があまり関心を示さないという状態は、好ましいとは言えない。固定資産税のあり方について、積極的に関与して欲しいと願う者は、筆者一人ではないと思いたい。

⑤沈黙する建築士業界

建物評価は、詳細に定められた建物評価基準に基づき、完成後の建物について立入り調査をし、目視・設計図書等により評点を算出し、これに1点当たりの単価を乗じて求めることになっている。

ところで、建物評価は建築に関する専門的知識が必要であるが、どういう訳か税務課の家屋係に専門の一級建築士が配備されているケースは極めて少ない。

大都市地域では流石に複雑かつ大規模な建物や特殊用途の建物も多いので専門の一

級建築士を配置しているケースが多いが、建築士の絶対数や市町村の財政事情等もあって、全市町村に配置されてはいない。

これらの状況から、非木造・非住宅については前述のとおり都道府県が評価し、これを固定資産評価額としている。

ところで、建物評価は時価を求めるというより、使用資材・設備等の質量を確認し、これに基準に定められた評点数を乗じるだけであるので、基本的には使用資材・設備の質量等を判定することになるが、建築に関する専門的知識や経験の少ない職員によるこれらの作業内容が、専門家である一級建築士と同等又はそれ以上とは、どうしても思えないのである。20〜30年位前に作成された評価調書を見たことがあるが、走り書きのメモのような調書で、この調書を基に再計算するのは無理があると思われた。

特に、非木造・非住宅は市町村で評価していないことが多く、その内容について納税者から説明を求められても、説明できない。

仮に問題が起きれば、評価経験も知識もないので、都道府県に相談するしかないが、多くの都道府県では評価調書を10年で廃棄しているので、再調査するしかないことになるものと思われる。

建物評価がこのような状況にあるのに、何故建築士業界は沈黙しているのであろうか。

建物評価に関心を持っている建築士はある程度存在しているが、筆者の知っている建築士は、納税者の依頼で評価調書を精査し、建物評価の誤りを見つけ、固定資産税の還付を目的としている。

その建築士によれば、評価調書の開示に抵抗する課税庁もあるとのことであった。

いずれにしても、土地評価と同様、建物評価も納税者の知らないところで制度運用がなされていることを、納税者は知るべきである。納税者の無関心が続く限り問題は解消せず、泣き寝入りすることになる。

制度設計に対する建築士業界からの提言を期待したい。

⑥沈黙する鑑定業界

土地評価（標準宅地）は、鑑定業界が独占している。

路線価評価業務（？）は航測業界が相当の部分を受注している。

路線価評価は、評価と言いながらその実は単に比準等を利用した計算業務であるから、鑑定業法に抵触しないと言われている。

固定資産評価業務の大半は、標準宅地の鑑定評価業務以外である。

空中写真撮影に始まり、道路の調査・画地認定・画地計測・宅地以外の土地の取扱い方等、内容は複雑多岐に亘る。

その予算額は、業務量が多いため、鑑定評価業務の数倍以上になるものと思われるが、この業務を請け負っている鑑定業者は少ない。

実際、業務量が多すぎて、個人事務所では対応できないのが実情である。

いずれにしても、固定資産評価は公共事業と化しているため、その制度の恩恵に浴する鑑定業界や航測業界からの問題提起は、聞いたことがない。

尚、鑑定業界や航測業界が制度改善等の政策要求をすることはほとんどないが、この制度の恩恵に浴することができない鑑定業界の一部の人は、課税誤りによる固定資産税の還付を目的としたビジネスを展開している。

現行制度（発注の方法や評価のあり方等）を継続していくと、鑑定業界もこの制度の恩恵に浴する人とそうでない人との間に断裂を生み、制度の矛盾を露呈する可能性が高い。

納税者を置き去りにした議論はやがて市町村と住民の間に相互不信を醸成し、地方自治のあり方が問われることになる。

少子高齢化・人口減少等を考えると、固定資産税のあり方や行政サービスの負担のあり方等について大局的な議論を期待したいが、受注合戦に明け暮れているうちはそれも無理なので、沈黙するしかないのではと思われる。

第　三　章

固定資産税の歴史

この章では、固定資産税の歴史について概観する。

土地からの税金（年貢）をどうするかは、戦国時代からの課題であったが、１５９１年、豊臣秀吉によって日本全土の検地（田畑の測量・収穫量調査）が行われた。秀吉が関わった検地は、太閤検地と言われ、教科書で習っているが、測量技術等が未熟な時代にこれ程大規模な検地が行われたことは、驚嘆に値する。

しかし、その後の経済発展や技術の進歩等によって様々な問題が起きているようであるが、それらも含めて明治に引き継がれている。

年貢から金納にしたのはいいものの、土地の価値を把握するのは容易なことではない。当初は時価を基に課税していたが、その把握が難しいため、賃貸価格に変更した。

戦後はアメリカの指導により時価に戻されたが、戦後の経済発展に伴う地価高騰によって明治期と同じ問題を抱えるようになり、現在の評価基準が制定された。

そしてその後のバブルの発生・崩壊により同様の問題が繰り返され、現在に至っている。

歴史は繰り返すとは、よくいったものである。

1．固定資産税の沿革

固定資産税は洋の東西を問わず長い歴史を有しているが、近代に至るまでは物納が基本であった。日本においても同様であり、明治時代以前は物納（年貢）であった。明治維新後しばらくは混乱が続いたようであるが、明治6年に地租改正条例が制定され、税としての近代的骨格ができた。

地租改正の主な内容は、①金納とする。②課税標準は政府が決定した価格とする。③税率は地価の3％とする。④地価は売買の都度改定して、取引価格とする。等である。

ところで、地価の査定にあたっては、当初は収益価格を基礎としていたようである。その後売買されればその都度価格を改定（地券に裏書き）することにしていたが、売買の有無による不公平さや事務処理の煩雑さ、実現性の問題、さらには所有者の抵抗もあってか、翌年（明治7年）には改定は5年毎に変更するとしたものの、それも叶わず、結局明治17年には地価の改定をしないことで決着した。

しかし、列強の仲間入りを目指す明治政府は増大する軍事費その他の行政コストを賄うため、税率の引き上げを再三にわたって行い、明治38年には地価の5.5％にまで引き上げている。

その一方、近代化とともに都市部への人口流入は続き、これにより実勢地価は急騰し、都市部での評価水準は実勢地価の5％～10％に低下していたといわれている。

このような状況を踏まえ、明治43年に宅地地価修正法を施行し、全国の賃貸価格を調査して、その10倍を修正地価としたが、このことにより課税標準たる地価は、それ以前の百倍以上になったものが多いともいわれている。

この間の納税者の不満は想像に難くはないが、それ以降も都市部への人口流入は続き、これを背景とする明治末期から大正末期にかけての地価上昇もあって、再び実勢時価との乖離が大きくなり、評価水準は大きく低下した。

課税標準と実勢地価の乖離が大きくなり、その矛盾が看過できなくなった政府は、大正15年4月に土地賃貸価格調査法を制定し、全国規模の調査を行い、これを基に課税標準を地価から賃貸価格に移行させた。

ただし、実際に賃貸価格を基に課税されたのは、昭和6年の地租法の制定以後とされている。

尚、これにより各税務署に備えられた土地台帳に賃貸価格が登録されたのは、周知の通りである。この賃貸価格は10年毎に改定することになっていたため、昭和11年に土地賃貸価格改訂法が制定され、昭和13年に第1回目の賃貸価格の改定が行われたが、その後の激動する世界情勢や第二次世界大戦の非常事態から改定どころではなく、終戦を迎えている。

2. 家屋税について

江戸時代までは、建物に課税されていたのかどうかは、資料不足・研究不足で個人的には良く解らない。

尚、資料等（財団法人資産評価システム研究センターによる調査研究報告書・平成12年参照）に拠れば、建物に課税されるようになったのは、明治11年の地方税規則の制定がその始まりと思われる。

この時の家屋税の課税主体は府県で、課税標準は家屋の数である。建物の新旧・規模・構造・用途は関係なかったようである。

また、面白いのは納税義務者が所有者ではなく、現に居住している者であったということである。これが今もそうであったら、一体どんなことになっていたのであろうか。

それはともかく、明治15年に家屋税の一部が改正され、課税標準は坪数（大きさ）に、納税義務者は家屋の所有者とされた。以後大正15年までは、課税標準の扱いに大きな変化はない。

しかしその間に時代は大きく変動し、地租の課税実態も実情にそぐわなくなったことから、地租の課税標準を地価から賃貸価格へ大きく変えたことに合わせ、家屋の課税標準も賃貸価格に改められた。

以後、終戦までは地租と同様に、課税標準の取扱いに変化はない。

3. シャウプ勧告と固定資産税

終戦後、地租法は廃止され、地租は国税から地方税に移譲され、新たに土地台帳法が制定された。

これにより、賃貸価格の改定を行うこととしていたが、激動する経済状勢の変化を背景に、都市部における宅地の賃貸価格に著しい不均衡が生じた。そのため、昭和24年に臨時賃貸価格修正法が制定され、土地賃貸価格の一般的改訂と切り離して、臨時に宅地のみの賃貸価格の修正が行われたが、その年にアメリカのシャウプ博士を団長とする日本税制使節団の勧告を受け、昭和25年に大幅な税制改正が行われた。

シャウプ勧告に拠れば、地方自治の発達上、市町村の財政基盤を強化することが必要と主張し、その有力な財源として地租・家屋税を改正し、不動産税を創設することの勧告を受け、これにより固定資産税が創設された。

この勧告の主な内容は、①不動産税（固定資産税）は一般の租税よりも運用が容易。②地方における行政サービスの対価としての応益原則を取ることができる。とし、課税標準は賃貸価格ではなく、資本価格とされた。

資本価格の評価としては、農地とそれ以外を区別することとし、次のように取り扱うものとされた。

1）農地以外

戦前の賃貸価格を2百倍して、昭和24年における物価修正を行って、賃貸価格の概

算価格を算出し、これを資本価格に置き換えるために5倍するものとする。(結果的には、賃貸価格の千倍である)

2）農地

農地は一般的な市場価格で評価することはできないので、収益価格の算出ができない。よって、公定価格で計算するものとする。

4．シャウプ勧告後の固定資産評価

シャウプ勧告を受け、昭和25年に地方税法が制定され、現行固定資産税制度は新たな時代とともに歩み始めた。

この年の家屋の固定資産税については、短期間に全ての家屋の評価が困難なことから、全国一律に家屋台帳に登録された賃貸価格の9百倍を課税標準にするものとされた。

このことにより、平均的な税額が戦前のそれと比較して何倍になったのかは判然としないが、戦前の税率は賃貸価格の1.75％であったことから、物価水準が極端に異なるとしても、想像を絶するものであったことは間違いないものと思われる。これも戦後の混乱期で、占領軍の監視下にあったからこそ為し得たものと考える他はない。

このような中でよちよち歩き始めた固定資産税も、戦後経済の復興は目覚ましく、それにより地価水準等も大幅に変動し、また市町村間の対応の不備等もあって実情にそぐわない面も多々見られるようになったため、昭和34年4月に固定資産評価制度調査会が設置され、昭和36年3月までの間に1都5市3町について実態調査を行い、審議を重ね、昭和36年3月30日に内閣総理大臣に対し答申を行った。

これが現行固定資産評価制度の根幹となっている。

ところで、この答申における問題意識の前提は、次の三点に尽きると考える。

①評価水準（課税水準）が著しく低い。

②資産間・市町村間の評価が不均衡である。

③国税・地方税相互で評価方法・評価額が異なり、一般市民の理解が得られない。

そしてこの指摘は、個人的には時代を超えた普遍的な課税上の問題に他ならないと考えている。

つまり、行政の継続性から問題があっても、余程のことがない限り変更したくないという現状維持バイアスがかかるからである。

そして、我々は昭和36年のこの答申後約30年を経て、全く同じ指摘に遭遇することになった。

それはさておき、この答申により、評価によって求めるべき固定資産の価格は、各税・各資産を通じて正常な条件下における取引価格（正常価格）であるという統一認識を確立すべきであるとされた。そして正常価格をいかにして求めるかについては、次のように記載されていた。

『そこでこの正常価格をいかにして求めるかについて、価格構成要因が資産の種類によって異なり、また固定資産税においては、対象資産の範囲も極めて広汎であり、その評価も全市町村において各別に行われるという事情にあるため、評価者及び納税者の評価実務上の技術的便宜性をも無視することができないので、具体的評価方法は、資産によって異ならざるを得ない。土地については、売買実例価格を基準として評価する方法に、家屋については再建築価格を基準として評価する方法に、償却資産については取得価格を基準として評価する方法にそれぞれよるべきである。また、固定資産の評価は正常価格を求めるという原則の下に定められた評価方法による評価額そのものによって行うべきであり、税負担の激増が予想されても評価の面では税負担の斟酌を一切排除し、税率の改正など他の制度で行うべきである。』

この答申を受け、固定資産評価制度の改善・合理化を図るべく、昭和37年5月に中央固定資産評価審議会が発足し、新評価基準の検討・審議が行われ、昭和38年12月に自治省より告示され、昭和39年度から新基準による評価が行われた。

この時の評価替により地目毎の平均上昇率（全国）は次のとおりであったとされている。

尚、蛇足ながら平成6年評価替えでは、宅地のみが対象となっており、上昇率も約半分程度となっている。宅地以外については大きな改正はなく、平成6年以前の状態が続いているため、問題も多い。

宅地・・・・6.3倍

田・・・・1.36倍

畑・・・・1.33倍

山林・・・・3.06倍

その他・・・5.43倍

5．バブルの発生と鑑定評価制度の導入

平成バブルの発生とその崩壊は記憶に新しいが、昭和60年代の初め、東京都心の商業地を中心に発生し、その後全国に波及した地価高騰はすさまじいものがあった。

しかし、これをそのまま固定資産評価に反映させることは急激な税負担の増大につながり、納税者の理解を得ることができないこと等に配慮し、時価の上昇にあわせて評価を上げることはしなかったため、いわゆる実勢価格と固定資産評価額とのギャップは増大し、戦前ないし戦後から昭和38年の評価基準制定までの間に生じたような、評価水準の著しい低下・市町村間の不均衡・国税との不統一等という問題が生じた。

地価高騰の一因は、固定資産税等のいわゆる保有課税の負担が低すぎ、これにより投機的土地保有を促進したという一面もあることや、一物四価と比喩される公的土地評価相互の不均衡等の問題が提起され、一連の土地政策の中で種々の議論がなされ、平成元年に土地基本法の制定をみるに至った。

土地基本法第16条では「公的土地評価について相互の均衡と適正化が図られるように努めるものとする。」とされ、公的土地評価方法のあり方が示された。

これに基づいて、平成3年1月に「総合土地対策推進要綱」が閣議決定され、その中で固定資産評価については「平成6年度以降の評価替えにおいて、土地基本法第16条の規定の趣旨を踏まえて、相続税評価との均衡にも配慮しつつ、速やかに地価公示価格の一定割合を目標に、その均衡化・適正化を推進する。」とされた。

この一定割合については種々議論されたが、実証的研究をふまえ、7割程度という水準が示され、この水準を目標に評価の均衡化・適正化が図られることとなった。

しかし、地価公示標準地等の設定地点数は固定資産評価のための標準宅地数の1割にも満たず、評価に支障をきたすため、これを埋めるものとして不動産鑑定士による鑑定評価を活用するものとされ、平成6年度の評価替えに当たって不動産鑑定士がお手伝いすることになった。

6. 7割評価の導入と地価下落

7割評価の導入によって、宅地の評価は全国平均で3.02倍となった。

他方、バブルの崩壊の兆しは平成2年の秋頃から見えつつあり、地価公示価格的にいえば、平成３年１月１日をピークに、年間30％もの下落に転じた。

　この当時の評価基準日は前々年の７月１日とされていたため、平成６年評価替時の評価額は平成４年７月１日現在のものであった。その間30％以上の地価下落があり、評価額が時価を超えるものが出たため、公示価格の７割水準をめぐり、審査申出や評価額取消訴訟が多発した。

　結果的には７割評価の意義は認められたものの、客観的交換価値を超えることはできないとされた。

　平成６年以降も地価下落が続いたため、評価基準日を賦課期日にできる限り近づけようということになり、平成９年評価替時から評価基準日を前年の１月１日とされ、平成８年１月１日から平成８年７月１日までの間に地価が下落した場合は下落修正を加えることができるとされ、下落修正はその後も適宜行われ、現在に至っている。

　ところで、平成４年１月の自治省の依命通達によれば、公示価格の７割とするのは当分の間とされ、当分の間とは、当時の固定資産評価室長の話に拠れば、３評価替（９年）程度と考えていたようである。

現固定資産評価基準においても、公示価格や鑑定評価価格を活用することについて、基準の第12節、経過措置ではやはり「当分の間」としていることから、鑑定評価の活用を恒久的に行うとは考えていないようである。

もっとも、「当分の間」とは、官庁用語でほぼ永久という意味である、と指摘する人もいるので、この先どうなるかは分からない。

7. 客観的交換価値と鑑定評価の役割

平成6年の評価替により、固定資産評価をめぐる問題が多発したのは、前記のとおりである。

平成6年当時は、7割評価の一般的妥当性を争うものが多かったが、平成15年6月の最高裁判決により、これらの問題に一定の方針が示された。

しかしこのことは、課税水準一般の問題から各筆・画地レベルの個別の客観的交換価値へと問題を拡散させる可能性がある。(注：筆とは、登記されている土地1個の単位とされている)

事実、最高裁判決以降、各筆ないし画地毎の客観的交換価値を問題とする判例が出ていることから、市町村は各筆・画地レベルにおいてもより適確な評価が求められることになる。

他方、このことは不動産鑑定士にとっては業務拡大の端緒になるものと思われるが、課税側に軸足をおいて評価している現状では、納税者の視点からの評価業務を受注することには抵抗があるのも事実である。

しかし、一般市民に対して専門職業家としての責務を果たせなければ鑑定評価制度そのものがグラつくことになりかねない。

いずれにしても、不動産鑑定士に課せられた使命は重く、大きい。

コラム２ ◯

筆と画地について

土地は、１個毎に登記簿に記録される。この１個の土地を１筆と称しているので、「筆」とは所有権の単位ということができる。

これに対して、画地という用語がある。

固定資産評価基準では、筆と画地の定義をしていないが、原則として１筆を一画地と認定し、これを前提に評価するとされている。

しかし、現実には複数の土地を建物敷地としているケースや、１筆の土地の一部を建物敷地としているケース、更には、自己所有地と借地を合わせて建物敷地としているケース等、利用形態は様々である。

そこで、利用上一個の敷地となっている場合は、これを前提に評価するものとしているので、画地とは、利用の単位ということになる。

一般的に、所有と利用の状態は一致していることが多いが、そうではない場合の画地認定は、契約上の問題も絡み、一筋縄ではいかない。また、このような画地は、時の経過により契約が解除されたり、数筆の一部が売買されたりと、画地の状況が変わることがあるが、画地の見直しがされないと、実態と異なる利用形態を前提に評価されることもある。

この場合、評価誤りとなるが、納税者が気づかなければ、訂正されることはない。

（後記⑦課税客体の把握と画地認定参照）

コラム3-1

鑑定評価の信頼性に対する裁判所の見解を紹介する。

平成26年6月、名古屋高裁は火葬場用地を鑑定価格で買収したのは違法と判決を下した。

このケースは、同じ不動産鑑定士が平成8年11月時点と平成11年2月時点に鑑定したもので、平成8年11月時の現況宅地の評価格19,300円/㎡を、平成11年2月時で27,400円/㎡と評価したのは、地価が下落している状況等を勘案すると不合理であるとし（他にも理由はあるが、詳細は判決等を参照）、買収価格は不当に高額で、市長に重大な過失があるとされ、損害賠償を認めた。

平成30年11月、最高裁は、市有地を鑑定価格の約半値で処分したことに、市長の責任はないと判決を下した。これも同じ不動産鑑定士が担当したもので、市は、平成20年10月1日を基準とした鑑定価格（17,000円/㎡）で処分しようとしたが売れなかったので、平成22年9月に12,641円/㎡に値下げしたが、1ヶ月後に7,364円/㎡に再値下げして売却しようとした。

平成23年10月に再鑑定したが、鑑定価格は11,500円/㎡と、値下げ後の価格より約56%も高い。同年11月、市はプロポーザル方式で申込のあった事業者に、鑑定価格の約半値の5,488円/㎡で売却することを決定し、議会の承認を得ている。

コラム3-2

原審は、鑑定価格で売却しなかったのは不適正とし市長の責任を認めたが、最高裁は売却の必要性と妥当性について十分に審議されているので、市長に責任はないと判決を下した。

片や鑑定価格で買収したのは不当、片や鑑定価格の半値でも妥当と判断されたが、鑑定が資格者個人の意見であり判断である以上、バイアスは避けられない。

納税者は、固定資産税の基となる価格は、このような不安定な状態にあるということを認識すべきである。

8. 家屋評価に関する問題

家屋評価は、再建築価格方式によるものとされているが、判例・学説ともこの方法を支持している。家屋評価は土地に比較して個別性が強く、一般的議論になじまないせいか、マスコミも家屋評価にあまり関心を示していない。

しかし、個人的には土地評価よりはるかに問題は多いと考えている。

納税者の不満はくすぶっており、深く沈潜しているが、少子高齢化による不動産の需給バランスから、将来的には大きな社会問題となる可能性は否定できない。

実例を挙げると、昨今多いのが、競売評価書を楯に家屋の評価額が高いという苦情である。

確かに大都市・中核市町を除くと、実際の中古建物市場は低迷を続けている。競売評価書を持ち出すまでもなく、課税庁も固定資産評価額では売れないことは先刻承知である。家屋の評価基準に拠れば、需給事情による減点補正ができるとしているが、適用に際してのハードルは高い。

特に、小規模な町村では非木造・非住宅の建物の評価を行っていないことがあるため、評価スキルがなく、課税庁の責任と判断でやれと言っても無理な話である。

これ以外の問題として、これから大きくクローズアップされてくると予想されるのが老朽家屋である。建築後50年以上を経過した過疎地のＲＣ・ＳＲＣ造の建物は始末に負えない。アスベストを使用している可能性もあり、壊すに壊せない。更地化するにしても、土地代を大きく上回り、マイナスとなる。

こうなると、財産ではなく罪産である。所有者も高齢化しており、資力もないとなれば、このような老朽家屋で危険性の高いものは、最後は税金で取り壊すことになるのであろうか。

しかし自治体も財政難で、対応は難しい。高齢化・過疎化が進むと、いっそのこと町ごと捨てる他はないのであろう。

ところで、中古建物の市場をみるにつけ問題であると思うのは、家屋評価における残存価値率である。

現行基準によれば、残存価値率は20％とされている。経済的耐用年数をとっくに過ぎ、最有効使用の観点からは取り壊すしかないような建物でさえ、再建築価格の20％で評価されている。一般国民の目線で考えれば、到底理解は得られないであろう。

しかし、建物評価は個別性が強く、量が少ないせいかマスコミが取り上げることも少ないので、社会問題化するまでには至っていない。

そうはいっても、後10～20年もすれば築50年以上のＲＣ・ＳＲＣの建物は大量に出現するのであるから、今からその対応について調査・研究しておくことが肝要と考える。

9．固定資産評価基準の全面改訂を考える

以上みてきたように、固定資産税をめぐる問題の大半は、課税標準、つまり価格評価の問題に尽きるが、経済事情の変化から明治以降も20～30年サイクルで同様の問題が起きている。

現行評価基準は、鑑定評価基準ができる以前のものである。

したがって、内容的には鑑定評価基準と整合しない箇所も見られる。

特に、地目毎の評価はその最たるものである。

地目毎の評価は、地租条例制定時からではあるが、鑑定評価基準上はその概念はない。

土地の価値は利用価値を中心に把握されるため、特に具体的な利用価値を見出すことができない、つまり、原野・雑種地の類の評価は困難を極める。

不動産鑑定士にも、原野の評価にあたって最有効使用を原野と判定する者はいないであろう。（注：最有効使用とは、その不動産の効用が最高度に発揮される可能性に最も富む使用とされている）

雑種地については、他の地目に当てはまらないものは全て雑種地とされており、さながらゴミ箱扱いである。

また、評価基準制定時には予想しなかった不動産に関する行政法規も多数施行されており、これらの利用制限を各筆評価の段階でどう反映させるのか、困難な問題は多い。

他方、評価水準を公示価格の７割にまで引き上げたため、個別的要因によっては時価と逆転現象を生ずるものもある。評価担当者には、不動産鑑定士以上の専門的能力が要請されるが、人事異動の高速化によりスキルの低下は著しい。

更に家屋に至っては、完成後の建物を事後的に外観・目視で調査し評価することになるが、壁や基礎部分等の見えないところも考慮しなければならないので、評価員（補助員）には神がかり的な能力が要求される。

簡素・簡明といいながら、その対応は遅々として進まない。

土地といい家屋といい、実際の不動産市場を前提にこれらの問題を考えると、現行の評価基準の適用を課税庁の職員だけで十分に対応することは困難と思わざるを得ない。

土地基本法ができた時、公的評価の一元化・適正化が声高にいわれたが、その後いつの間にか公的評価の均衡化・適正化に変わって現在に至っている。

敗戦を終戦と言い換え、本質を見ようとしない国民的体質がそうさせたのか、役所の縦割システムが相互不干渉を決め込み、公的評価相互の壁を乗り越えないということになったのかは分からない。

相続税路線価との均衡が必要なら、相続税路線価を基準にしたら良いと考える。

固定資産評価は3年毎、相続税路線価は毎年行っているのである。

仮にそうすることができれば評価コストは激減するので、市町村にとってどれ程助かるか、計り知れない。

もっとも、地価水準の低い市町村では、相続税の対象になる土地は少ないので、全国一斉にというのは国税庁の人員からも無理と思われる。

いっそのこと、評価庁のような組織を創設し、評価に専念させる方が、コスト的にも能力的にもベターであると考える。（この点については第８章参照）

コラム4

地券とは

地券とは、売買を証明する書類である。地券の実物は、見づらいが下記のとおりである。

この地券は、明治18年5月28日に交付されたもので、地目・地積・持ち主・地租が明示されているが、売主は記載されていない。

これを見ると、地券を売買の都度書き換える作業は大変だったことがうかがわれる。

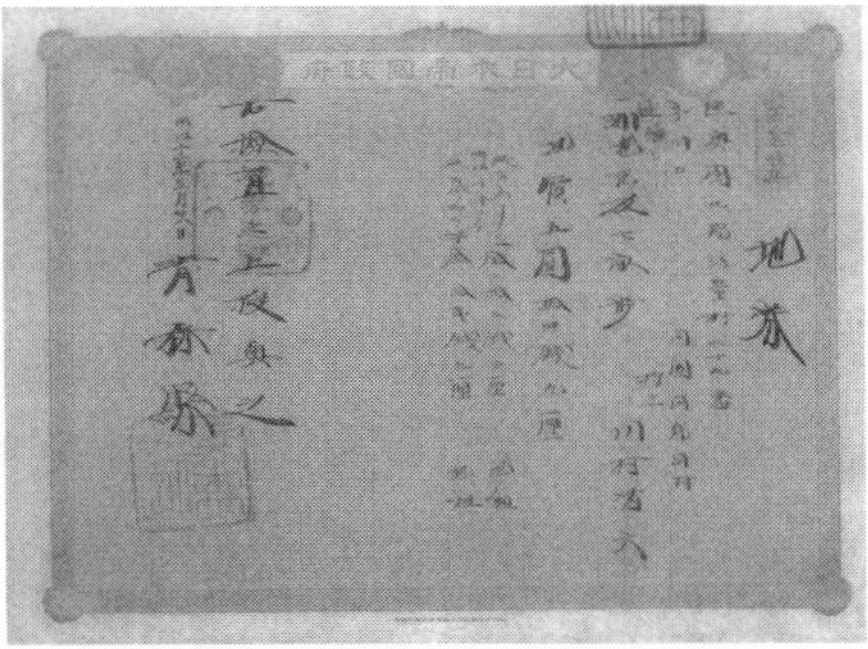

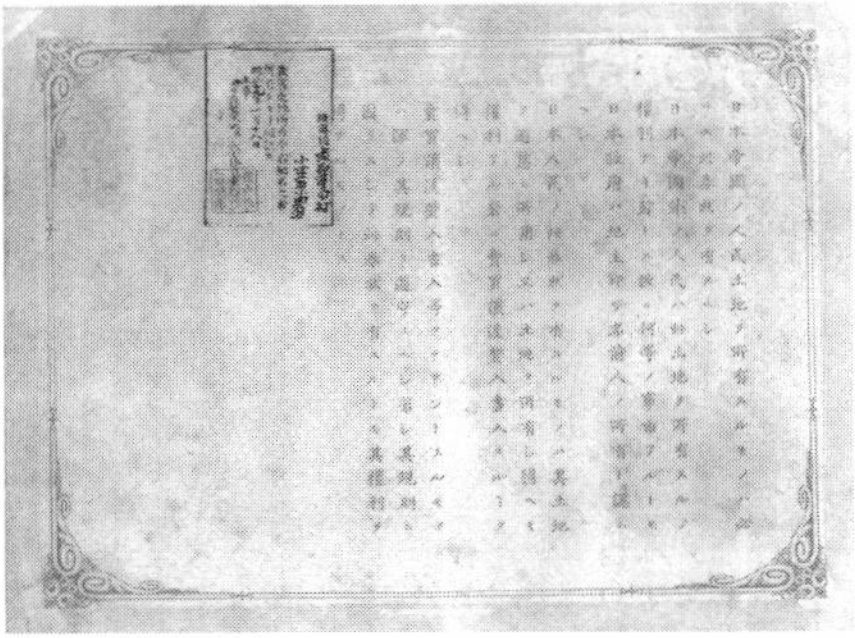

第　四　章

固定資産評価の仕組み
と
問題の発生過程

固定資産評価の仕組みは複雑である。

その内容を全て理解することは難しいが、パソコンも計算機も無い時代にこれらの作業を行った先達には、敬意を表したい。

しかし、技術の進歩・職員の能力の向上等から、基準どおりに評価することがどれ程難しいことかが分かるようになり、昭和50年代には評価業務のコンサルを行う会社が出現している。

平成6年以前は、時価の10%~30%位が固定資産の評価水準であったと認識している。

平成6年評価替から、公示価格の70%を目途に評価水準が引き上げられたことから、内在する問題が表面化した。

評価のプロセスは複雑であり、評価誤りの種はあらゆる所に潜んでいる。

何より、評価の前提となるデータが不完全である以上、評価誤りは避けられない。

1．固定資産評価（土地）の方法

固定資産（土地）の評価方法には、「市街地宅地評価法」と「その他の宅地評価法」がある。

固定資産評価基準解説（土地篇）によれば、市街地宅地評価法とは、路線価方式とも呼ばれている。市街地宅地評価法は、街路ごとに当該街路に沿接する標準的な宅地の一平方メートル当たりの価格を表わす路線価を付し、この路線価に基づいて所定の「画地計算法」を適用して、各筆の評点数を求める方法である。この方法は、市街地的な形態を形成する地域にあっては、できるだけこの方法によることが望ましいとされている。

その他の宅地評価法とは、路線価を付設しないで評価する方法とされている。

どちらを採用して評価するかは、当該市町村の宅地の価格事情からみて判断すべきことであるが、具体的には、評点数の較差について「画地計算法」によることが適当な地域であるか、又は「宅地の比準表」に定める程度のことを考慮すれば足りる地域であるかどうかによって定めることが適当であるとしている。

また、同一市町村内においても、宅地の状況として、主として市街地的形態を形成する地域が一部あるが、大部分が主として市街地的形態を形成するに至らない地域に該当する場合、又は市町村の市街地に伴う評価方法の切り替えに当たっての過去における評価の状況から、一挙に当該市町村の全区域に「市街地宅地評価法」を適用することが困難であると認められる場合には、「市街地宅地評価法」と「その他の宅地評価法」の二通りの評価方法を併用することも一つの手段であるとしている。

実際、評価方法をみると前記の二通りの評価方法を併用している自治体が大半である。

尚、「その他の宅地評価法」を採用している市町村で、評価基準通りに「宅地の比準表（別表第４及び附表１）」に定めるように「比準割合＝奥行による比準×形状等による比準割合×その他の比準割合」を適用しているケースは少ない。

筆者の経験においても、同一状況類地区内の宅地は接道状況・形状・奥行等にかかわらず、全て同一評価（単価）となっていた。

原則的にいえば、適正時価の如何にかかわらず、基準通りに評価していないのは違法となる。

しかし、地価水準が低く、納税者の負担も少なく、訴えの利益もないので、誰も文句を言うことはない。税務課は税務課で、誰も文句を言ってこないので、評価に問題はないと思っている。

繰り返しになるが、現状の評価は実のところ、納税者の無関心に支えられている面もある。

コラム５

状況類似地域と状況類似地区

固定資産評価基準を読んでも、地域と地区という用語の区分の定義は見当たらない。

市街地宅地評価法の説明では、状況類似地域、その他の宅地評価法や農地・山林の評価の説明では、状況類似地区としている。

このことから、地域とは狭い範囲、地区とは広い範囲を示すものと考えられる。

いずれにしても、状況類似地域（地区）とは、価格事情がほぼ同一の範囲で、かつては「状況類似地域（地区）相互の価格差が20％以内の地域ごとに標準宅地を選定することを目途とすることが適当である。」としていた。（現在の評価基準の解説からは削除されている）

なお、現状をみるとバラバラで、状況類似地域（地区）の区分が適切にされているとは思えない市町村が多い。

2. 市街地宅地評価法の仕組みと問題の発生過程について

固定資産評価に関する問題は、国土情報そのものの問題はさておき、大きくは課税客体の把握と、それに続く評価基準の適用において発生する。

したがって、まず固定資産評価の流れを概観し、この流れに沿って問題の発生原因を検討することとする。

尚、宅地の評価については、市街地宅地評価法とその他の宅地評価法の二つがあるが、紙数の兼ね合いから市街地宅地評価法を前提に検討した。

市街地宅地評価法における評価作業の流れは次のとおりである。

(例)市街地宅地評価法(主として市街地的形態を形成する地域において適用)

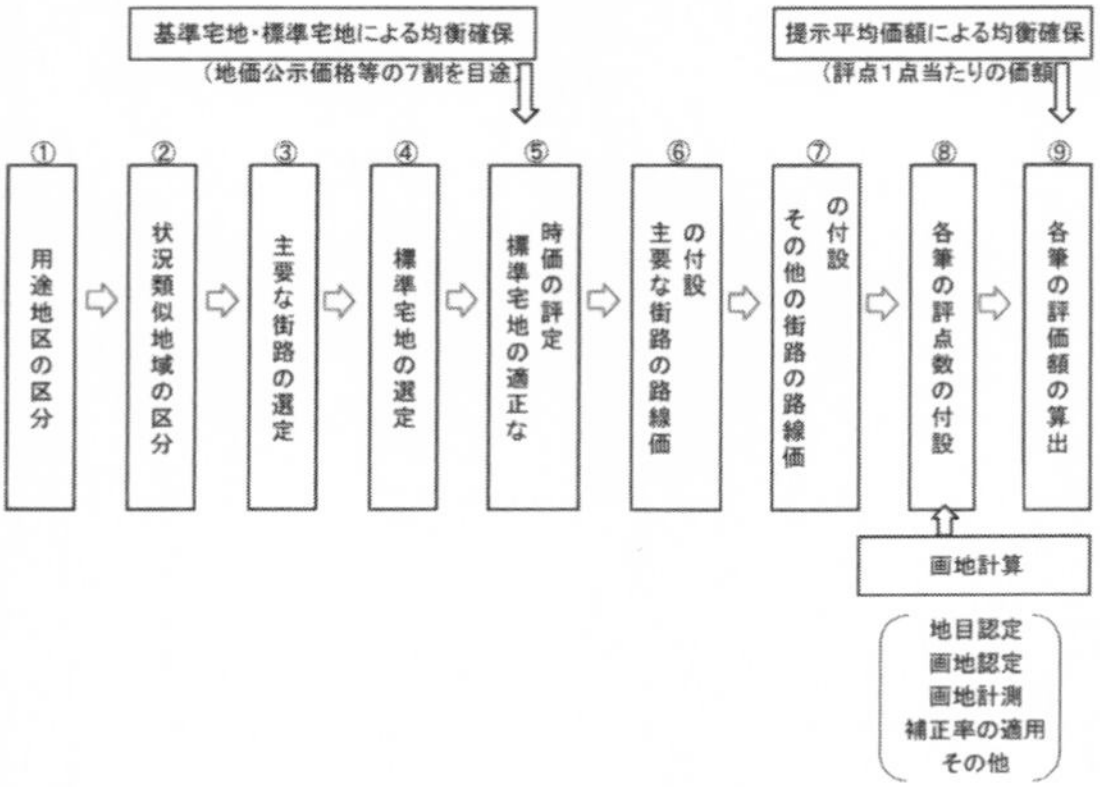

①用途地区の区分

用途地区の区分は、状況類似地域の区分に先立って行なわれるが、これによって画地計算法の適用が変わる。

用途地区は、商業地区・住宅地区・工業地区に大別されるが、同じ大きさの土地であっても、用途地区によって画地計算の補正率が異なるため、評価額が異なる。

したがって、用途地区の相違によって評価額が変わるため、用途地区の区分が問題となる。

用途地区は、都市計画法上の用途と異なり、利用現況に基づいてなされるものであることから、評価担当者の判断によって区分が分かれることもあり、微妙な問題を含んでいる。

特に問題なのは、普通住宅地区、併用住宅地区と普通商業地区の境目である。今のところ、この地区区分を明確に行なう技術的・科学的方法は確立されていない。

ところで、普通住宅地区と併用住宅地区の角地加算率は、前者が＋３％であるのに対し、後者は＋８％となっている。店舗比率がどのくらいになれば併用住宅になるのかは、判然としない。用途地区の境目では、路線価が同じであっても角地の場合は５％の格差が生じることになるが、この格差の科学的根拠はない。一般的に、納税者は用途地区が変わるだけで評価額が変わるとは思っていないので、情報開示が進むと問題になるケースが出てくると思われる。

尚、角地加算率はマーケットの実情を反映しているとは思えないので、再検討が必要と考える。

蛇足ながら、角地加算率は、時代が変わり、地域が変わり、地価水準が変わっても同じである。常識的には考えられないが、どういう訳か誰も問題にしない。

②状況類似地域の区分

状況類似地域の区分は、用途地区を更に利用状況等に応じて細区分する作業である。

以前は、状況類似地域相互の価格差が2割を目途とされていたが、現行評価基準からは削除されている。削除の理由は分からないが、評価の均衡化を考えると一定の価格水準を把握することが必要と思われる。

しかし、評価替毎に状況類似地域の区分を見直すことは少ないので、従前のままという課税庁が多いものと思われる。

いずれにしても、状況類似地域の境目、一般的には道路で区分することが大半なので、同じ道路に面していても評価が変わるため、納税者の理解を得ることは難しい。

ところで、納税者は自分の土地の評価額が、状況類似地域の区分の仕方によって変わるとは思っていないのは、用途地区と同様である。

納税者にとっては、自分の土地が高い方のグループに入るのか、低い方のグループに入るのかは、大問題である。

今のところ、状況類似地域の区分を科学的・客観的に行う方法はないため、説明材料の十分な確保が必要となる。

③主要な街路の選定と標準宅地の選定

「主要な街路」を文字通り解釈して、主要幹線ばかりを選定している市町村を今でも見受けることがある。

主要な街路の選定とは、状況類似地域の価格水準を代表する、標準的な、言葉を換えれば、平均的な街路のことであり、この街路に接面する画地補正率が1.0となる整形な中間画地を標準宅地として選定することになる。

主要な街路の選定の仕方、つまり、ある状況類似地域では幹線ないし準幹線を主要街路とし、ある状況類似地域では行き止まり道路やその地域の平均以下の幅員の生活道路を選定する等、主要な街路の選定が不適切であれば、状況類似地域の境界で理解不能な格差が生じることになる。

つまり、土地の利用価値は、接面道路の状況によって大きく変化する。しかし、標準宅地の鑑定評価格は、その位置における利用状況を前提に把握されるため、接面道路の状況により結果的に大きな格差を生じさせることになるが、納税者は自分の土地しか興味がないため気がつかず、問題は先送りされる。

④標準宅地の適正な時価の評定

標準宅地の適正な時価の評定に当たって、鑑定評価格が活用されるようになったのは、周知のとおりである。

不動産鑑定士は、鑑定すべき対象が明示されれば、その画地条件を所与とし、最有効使用を判定して鑑定評価額を決定することとなる。

ここで問題なのは、我々不動産鑑定士は、明示された標準宅地が主要な街路に沿接する宅地として相応しいかどうかは判定していないことである。

したがって、評価結果が路線化付設に際して適合性があるのかないのかは、全く関知しない。もちろん、市町村の要請ないし路線化付設業務を併せて受託している場合は別である。

私の担当した市では、主要な街路の選定が、原則を無視して行われていた（このケースでは、幅員４ｍの行き止まり私道を選定していた）。この状況類似地域の中では、行き止まり道路はこの一本だけであり、誰がどう見ても代表性があるとは思えない。

前回路線価をみると、路線間のバランスが悪く、納税者に説明するのは無理と判断されたため、標準宅地の選定替を要請したが、市町村の担当者が無理解であれば鑑定だけで事足りるため、不適切な状況は改善されず、納税者からのクレームがあってからの対応となる。

また、主要な街路が適切に選定されたとしても、標準宅地の選定が不適切であれば、同様に問題が生じることになる。

路線価は、簡単に言えば、交差点から次の交差点までの平均的な価格、すなわち「線」として表わされるが、標準宅地の鑑定評価はあくまでもその位置における「点」の価格である。

したがって、市街中心部のように価格水準が都心から郊外に向かって大きく下落していくような地域では、路線の中心部寄りに標準宅地を選定するか、あるいは郊外よりに選定するかによって、「点」としての鑑定価格が異なるため、路線間の格差が予想以上に大きくなることがある。

このように、ここまでの作業がすべて適正に行われていたとしても、標準宅地の選定如何によっては、路線間の格差に大きな矛盾を生じることがある。

尚、地価公示地点の中には主要な街路に接面しておらず、かつ画地補正率が1.00にならないものがある。この場合、固定資産評価基準に基づいた補正が必要と言われているが、補正していない課税庁も見受けられる。

コラム６

状況類似地域（地区）と標準宅地

標準宅地は、原則として状況類似地域（地区）の価格水準を代表する土地ということになるので、状況類似地域を細分化すればする程、鑑定する標準宅地数は多くなる。

不動産鑑定士は、標準宅地数が減ると収入が減るので、状況類似地域の見直しには消極的である。

因みに、評価体制が整っている大都市では、人口千人当たり２～５ポイントの標準宅地数となっているが、地価水準の低い地方では、逆に千人当たり10ポイントを超える市町村も見られる。

地価水準が低いということは、価格差が小さいということでもあるので、標準宅地数を半減させることは容易であるが、どういう訳か見直されるケースは極めて少ない。

評価替えのコストは納税者の負担となるが、誰も何も言わない。

コラム７

鑑定評価は科学か？

鑑定評価は科学を粧っているが、専門家一人の意見であり、判断であるので、他の専門家による追試・検証は不可能で、再現性はない。

訴訟鑑定では、評価額が２倍位異なることは、よくあることである。

どちらが正しいとは、一概には言えない。

しかし、公的評価がバラバラでは困るので、事前にスリ合わせをすることが多い。

スリ合わせた結果に合わせて、評価書という書類を作成することになるが、残念ながらその意味をあまり考えることはない。

市町村は専門的知識がないので、評価書のチェックはできない。

評価書の開示請求はできるので、納税者はもっと関心を持つべきである。

コラム８

固定資産評価基準によれば、路線価付設のための標準宅地の選定基準は、次のとおりとされている。

1．奥行価格補正率が1.0で、他の各種加算率（角地等）・補正率（不整形等）の適用がない宅地及び鑑定評価においても各種の補正率等の適用の宅地

2．用途地区の用途と同一用途に供され、家屋の規模・程度等がその街路で標準的な宅地

しかし、この要件にあてはまる標準宅地は、分譲地でもない限り、少ない。

そのため、評価を巡る問題も発生する。

全国的には、奥行補正の必要な地価公示地も見られるが、鑑定評価上の標準と固定資産評価上の標準は、必ずしも一致しない。

木に竹を接いだ形となっているため、標準とは何かを巡る問題も多い。

コラム９

街路とは何か？

固定資産評価基準（土地）解説のどこにも路線価を付設すべき街路の定義は記載されていない。

その結果、建築基準法上の道路に該当しない街路に、建築可能な状態を前提とした路線価が付設され、客観的交換価値を大幅に超える評価がなされることがある。

公道であれば問題が少ない（但し、現地と符号しない公道もみられるので注意が必要である）が、私道については問題が山積している。

私道の取扱いについては建築基準法との整合性が必要と考えるが、納税者が苦情を申立てない限り、見直されることはない。

もっとも、税務課の担当者も建築基準法の知識はなく、また先輩のやった結果を検証する時間も予算も人員もないので、気の毒ではあるが……。

⑤主要な街路の路線価の付設とその他の街路の路線価の付設

通常は、標準宅地の鑑定評価格をもって主要な街路の路線価とするが、固定資産評価基準上の補正率が1.0という前提があるため、当該基準に照らして補正が必要な標準宅地については補正しなければならないことになる。

鑑定評価上はその宅地が標準的であったとしても、固定資産評価基準上の補正が必要となれば、当該基準上は標準的ではない宅地ということになり、同じ標準的という用語でも、鑑定評価上の「標準的」と、固定資産評価上の「標準的」とはその意味が異なっているため、「標準」をめぐって現場は混乱する。

いずれにしても、このあたりの取扱いが十分とはいえないため、問題が生じる可能性がある。

つまり、固定資産評価基準上の補正率を適用した結果、不動産鑑定士の考える標準価格とは別の標準価格を前提に路線価を付設することになるため、高い・安いの問題が生じる可能性がある。

次に、その他の街路の路線価の付設の問題である。

主要な街路の路線価から、その他の街路の路線価を付設するに当たっては、ほとんどの市町村が価格形成要因を抽出し、比準率を予め決めて、機械的に処理をしている。価格形成要因の抽出が不適切であれば、路線間のバランスが悪く、つまり納税者に十分納得してもらえるような説明ができないため、シミュレーションが必要となる。

しかし、価格水準のわからない担当者は計算結果をそのまま受け入れるため、問題が先送りされる。

尚、比準率を定めた一覧表を比準表と称しているが、科学的根拠もなく、全国的にもバラバラである。比準表を使わざるを得ないのなら、国交省監修の土地価格比準表に統一すべきと考える。

ところで、路線価付設のための要因の選定や要因データ計測には大きな問題が含まれており、昨今は要因の選定やデータの計測等をめぐる問題が多発している。

ここで問題が発生すれば、ほとんどが適切か誤りかのいずれかに区別される。

つまり、判断でどうにでもなるというグレーゾーンが少ないため、取扱いの基準作りが必要となるが、これらの基準を用意していない課税庁もあればない課税庁もあり、更に取扱い基準があっても、全国バラバラである。国は、取扱い基準の標準化をすべきと考えるが、対応は鈍い。

路線価付設に当たって採用されている要因は、道路条件を中心に、接近条件・環境条件・行政的条件を加味したものが多く見られる。

街路条件をみると、大体が幅員、舗装・未舗装の区分、公・私道の区分等である。

それでは、道路の幅員はどう定義するのか。

道路法上は、管理区域を道路幅員としているようであるが、実測していない道路が多いため、判然としない。

また、道路台帳を見ても、市町村によって図面の精度や計測方法が異なっており、幅員の測定に困惑するケースは多い。

私の知る限り、国で規定した道路台帳作成の技術基準はなく、航測会社の大半は、東京都測量事業協同組合の作成した「道路台帳作成の手引」によっていると聞いている。

しかし、これによっても未改良道路の幅員を決定するのは困難なことが多い（実際、計測者・計測方法により幅員が異なることが多い)。幅員の測定に当たって実測をしているケースは皆無と言って良く、大半はウォーキングメジャーや歩測等によって計測しているため、納税者が幅員を実測の上、異議を申立ててくると歯が立たないことになる(昨今はＧＩＳを利用しているケースが多いが、用地界を確定している訳ではないので、問題は残る)。

舗装・未舗装の状態にしても、未改良道路の場合には簡易舗装・防塵処理等があって、未舗装道路と見分けがつかないものもあり、判定に苦労する。

さらに、公・私道の区別のうち、私道については非常に多くの問題が提起されている。

私道は、準公道に近いものから全くの私道までその範囲は広く、これに建築基準法上の道路に該当するか否かの区別に至っては、建築指導課のこれまでの対応状況もあって、一筋縄ではいかないのが実情である。

特に、建築基準法42条1項3号の既存道路、同法42条1項5号の位置指定道路、同法42条2項のいわゆる2項道路にいたっては、担当窓口の資料の不備や裁量的判断事項もあることから、取扱いの不統一が多く、路線価付設に当たっての苦労は多い。そのため、曖昧なまま、特に利用上の制約はないものとして路線価を付設しているケースが多く、評価誤りの温床となっている。

しかし、これを１００％解決しようと思うと、相当の時間と費用を要し、結局何のために評価しているのかがわからなくなってしまうことになる。

つまり、費用倒れになる可能性が高いということである。

いずれにしても、道路条件をどう扱うかだけでも市町村によってマチマチであり、コンサルを受託した航測会社や不動産鑑定業者の数だけやり方があって、百花繚乱である。

接近条件についても、直線距離なのか道路距離なのかは決着がついておらず、また測定誤差の取扱いも、特に定まっていない。

更に、道路距離の場合、車が通れない道路も含まれるのか、仮に車輌通行を前提とした場合、一方通行・右左折禁止・スクールゾーン等の交通規制を無視して良いのか、全くもって分からないし、議論さえしようとしない。

現在、路線価付設に当たって、これらの条件は全て無視している課税庁が大半である。

尚、『怒りの固定資産税』（奈良新聞社刊・１９９６．12発行）では、車の通れない道路を含めて判定している問題を提起しているが、どうあるべきかの議論は今もって全く進展していない。

⑥建築基準法上の道路とは何か

建築基準法によれば、都市計画区域内の土地を建物敷地として利用するためには、その敷地は道路に２ｍ以上接していなければならないとされている。

つまり、建築基準法上の道路に接する、間口２ｍ以上の土地でなければ建物が建てられないということである。

ところが、固定資産評価基準解説のどこにも、路線価を付すべき街路が建築基準法上の道路でなければならないとする記載はない。

その結果、建築基準法上の道路に該当しない街路に、建築可能な状態を前提とした路線価が付設されているケースが多々見られる。

見た目で道路形態があれば、建築基準法を無視して路線価が付設される。

納税者もこれらの知識がないため、売買や相続が起きない限り、気にすることもない。

このような土地に何故建物が建築されたのかについては様々なケースがあり、紙幅の関係で詳解はできないが、建築確認制度自体にも問題があるように思われる。

ところで、建築基準法によれば、建築基準法上の道路の取扱いは、次のとおりとなっている。

ここでその取扱いに大きな問題をはらんでいるのが私道である。

指定道路とは、建築主事により道の位置の指定を受けた私道で、幅員・延長を図面で表示することになっているので、問題は少ない。

それに対し、通称「既存道路」「2項道路」「3項道路」と言われる私道については、問題が多い。

その中でも一番の問題は、用地が未確定であることである。

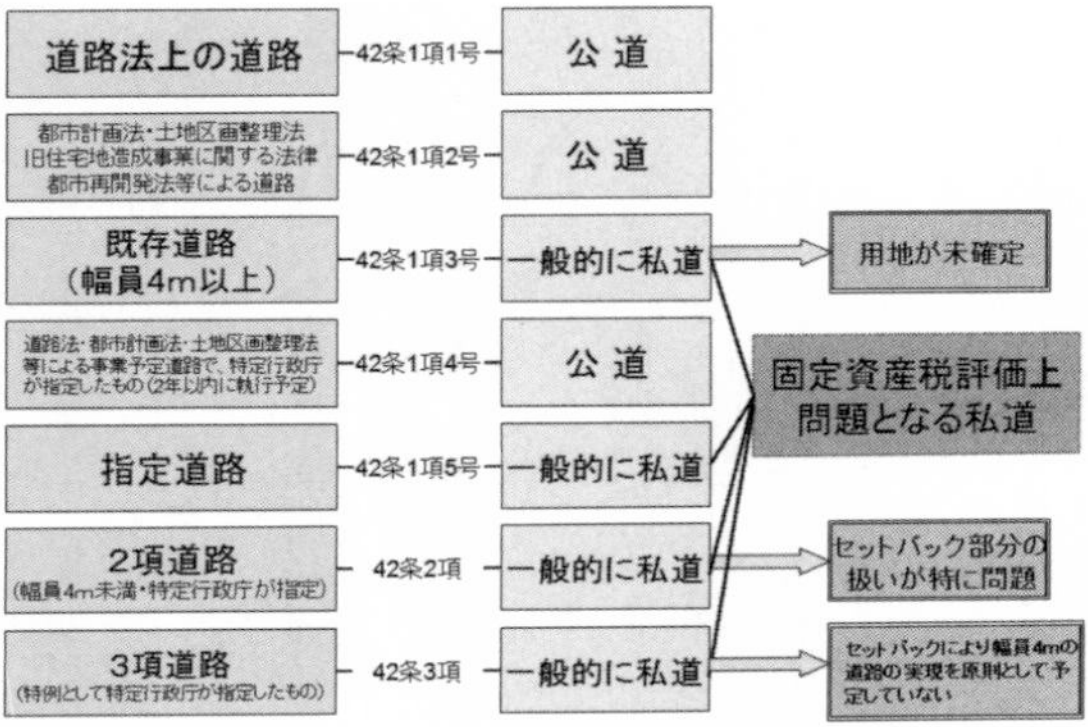

これらの私道がある地域は国土調査が未了のことが多く、利用現況と一致しないことが多々見られ、現地での幅員の確定は困難を極める。

国土が確定していないのであるから、当然のことである。

現況に基づいてと言われても、税務課は地籍係でもなく測量士もいないのであるから、これらの私道の確定は、容易なことではない。

仮に、２項道路のように、道路の中心から２ｍまでの部分を道路と確定できたとしても、その道路に接面する宅地の前面道路の幅員が全て４ｍになっているという保証もない。

つまり、建替えに合わせて道路用地を確保していくため、ある土地の前面道路の幅員は２ｍ、ある土地のそれは幅員は４ｍといったように、一街路の幅員がバラバラであるのに対し、路線価算定の幅員は全て４ｍを前提にしているというケースも見られるのである。

このような街路の路線価付設に当たって、その前提となる幅員をどうすべきかは色々な考え方があり、これが正しいという方法はなく、市町村や不動産鑑定士によってもバラバラである。そのため、幅員の取扱いについて感情的な行き違いが生じることになるが、これは税務課一人の責任とは言えない。建築行政の不備が評価上の問題を引き起こすことが多いが、税務課と建築指導課が人事交流することは少ない。

私道に路線価を付設する場合は建築基準法との整合性が必要となるが、指導官庁からの注意喚起もない。

納税者が一人で行動してもなかなか取り合ってくれないことが多いので、できれば当該街路を利用する宅地の所有者全員が問題意識を持って行動すべきと考えるが、問題解決への道は遠い。

納税者の無関心はやがて税となってハネ返るということを自覚すべきである。

コラム10

固定資産評価の路線価は、公示価格の７割を目途に付設されるが、作業自体は航空測量会社やシステム評価会社・不動産鑑定業者等が市町村から委託されて行っているケースが大半である。路線価付設に際して一番重要なのは、道路の幅員を計測することである。

公道については、道路台帳図が整備されているが、図面の精度が悪かったり、現地と符号しないこともあるので、道路毎に計測していることが多い（計測基準はない!!）。

相続税路線価は、公示価格の８割を目途に付設されているが、道路の調査はしていないので、たまに道路ではないところに路線価が付設されているケースを見かけることがある。

昨今は、市町村との連携が進んでいるので、このようなケースはほとんどないが、相互の路線価が公示価格の８割・７割となっていないケースは相当見られる。特に、地価変動が大きいと、３年に１度の固定資産税路線価と毎年公表される相続税路線価との間にギャップが生じることがある。どちらが良いとか悪いとかは言えないが、個人的には相続税路線価に統一した方が良いのではと思っている。そうすれば、評価替コストの大幅な削減が可能となるが、どういう訳か話題にもならない。多分既得権益の侵害を嫌う勢力が反対しているのではと思われる。税金のムダ遣いとしか言えないが、これを真正面から取り上げる識者もマスコミもいないのは、寂しい限りである。

⑦課税客体の把握と画地認定

各筆の評点数を付設するためには、その前提として課税地の現況等を勘案して評価の前提となる評価地目及び画地を認定することが必要となる。

固定資産評価基準解説によれば、一筆一画地を前提とするが、数筆で一画地となる場合や、一筆の一部を一画地とする場合が例示されている。課税庁の担当者は2～3年で変わるため、画地認定が適切かどうかは検証しない。

もっと問題なのは、筆と画地の関係を良く理解していないということである。前記の基準の解説にも、画地の定義は記載されていない。

筆者の理解するところでは、筆とは所有権の単位（不動産登記上は一筆毎に登記することになっている）で、画地とは利用の単位ということになる。

画地を利用の単位と考えれば、一筆の一部や数筆で一体的に利用されていれば一画地とすることに違和感はない。利用単位であるから、評価地目の異なる土地を一画地と認定することはできないことになる。

ところで、前述のように、画地認定の前提として評価地目の認定が必要になる。評価地目は、現況によるとされているので、登記地目とは必ずしも一致しない。現況地目を確認せず登記地目をそのまま評価地目としたり、当初は現況により評価地目を認定したとしても、評価替毎に評価地目を見直すことは、人的・時間的・経済的に困難なことから、長期間放置され、登記地目と現況地目が異なってしまうケースは多い。納税者も、自分の土地の評価地目と現況が一致しているかどうかは確認しない。

筆者の経験では、同程度の利用現況にあるのに、評価地目の誤りから、隣接地と評価額が約5百倍異なるものがあった。

前記の、『怒りの固定資産税』では、現況が山林なのに登記地目が雑種地であったため、評価額が1千7百倍異なっていたケースが報告されている。これ程極端なケースはそう多くはないと思われるが、10倍程度の間違いなら、筆者の経験から相当数あると推定している。

いずれにしても、かつての宅地が空地となり、雑種地・原野状になっている土地は全国的には相当数あると思われるが、これらは評価誤りの予備軍となる。

次に、画地認定上の問題は、一筆の一部や数筆をまとめて一画地とする場合に多く発生する。

課税庁は、賦課期日現在の現況に基づいて評価することを要請されているが、時間的・能力的にできるはずがないので、現況把握は努力規定とされている。

したがって、事実上、納税者の指摘がない限り、画地認定を見直すことはない。納税者も、評価の前提条件を確認することはないので、利用現況に変化があっても、誰も気づかない。

ところで、画地認定の最大の問題は、処分権限の同一性を前提にしていないことである。極端な場合は、他人所有地を不法に占有しているにもかかわらず、これを含めて一画地としているケースがあることである。

売買や相続時に発覚することがあるが、画地認定に誤りはないと主張する課税庁も見られる。

一筆の一部や数筆を一画地と認定した場合は、画地認定図を作るべきと考えるが、画地認定図を作成している課税庁は少ない。自己所有地なら納税者自身で確認できそうだが、他人地も含まれている場合は、判断は難しい。

特に、一部借地で契約書上地積の表示しかない場合は、その範囲を判定することはできない。課税庁も電算上のデータだけでは判別できないことが多い。

したがって、売買時や相続時でなければ、評価について考えることはないので、画地認定を巡る問題は先送りされる。

尚、筆者の経験では、画地認定の誤りから固定資産税が6百万円還付されたケースがある。

これは、分合筆・一部売買等によってビルとビルの谷間に残された幅0.5m・長さ約27mの帯状の隙間地であるが、ビル一つ挟んで同一所有者の土地があり、その土地の評価額と同じであったため判明したケースである。

また、他人の土地を合せて一画地と認定されているケースも、時の経過とともに利用状況も変化するため、要注意である。

コラム11

筆と画地を具体的にイメージすることは難しいが、一例を示すと下記のとおりである。

一筆で一画地となるものもあれば、一筆が二画地になったり、他人の土地を含めて一画地となったりすることがある。

課税明細には評価の前提条件は明示されていないので、確認が必要である。

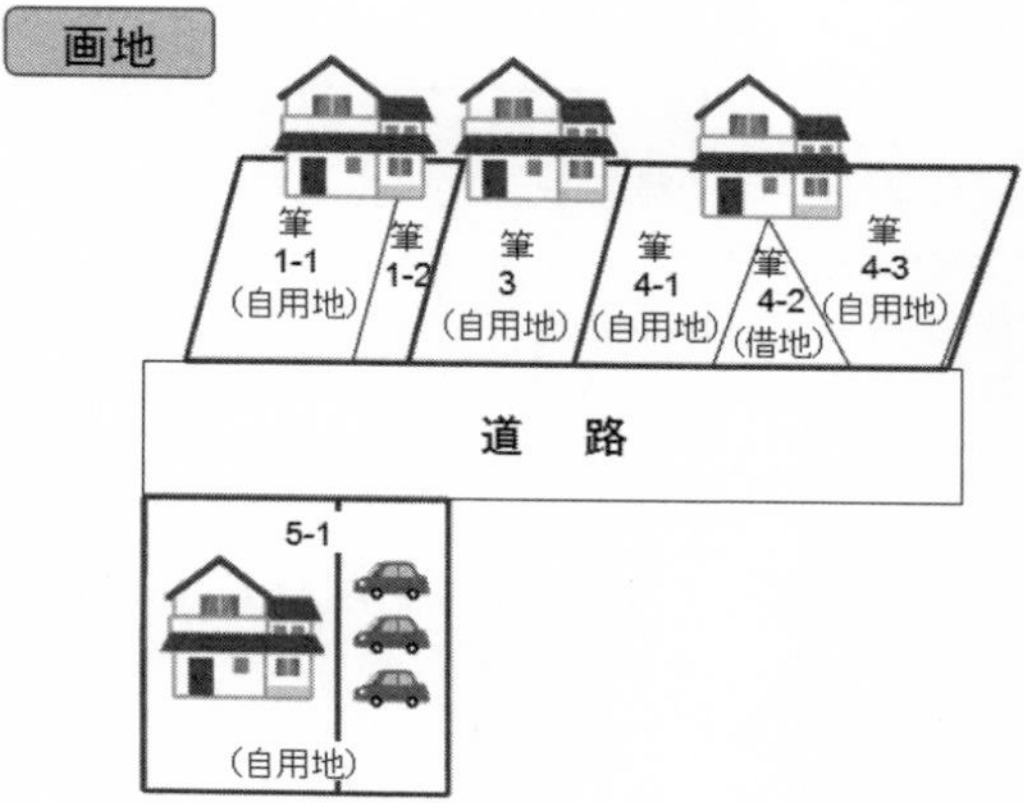

コラム12

画地認定を巡る問題は多いが、納税者が無関心なため、誤りがあっても先送りされる。

以下の事例は、画地認定を巡って争われたケースである。

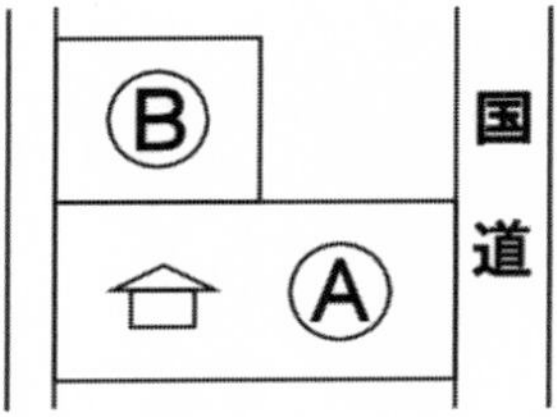

このケースを見ると、Aの土地所有者が、Bの土地を賃借して、駐車場として利用したところ、土地Bの評価が土地Aと合わせて、国道に接面することを前提に評価され、固定資産税がハネ上がったことに疑問を持った土地Bの所有者が争ったものである。

高松高裁では、A・B各土地は別々に評価すべきとした判決を下した。

このようなケースは全国的にみると相当の数にのぼるが、良く分からないまま納税しているのが実態である。

画地認定は、技術的にも問題が多いが、課税庁もよく分かっていないので、課税誤りの温床とも言える。

⑧各筆の評点数の付設

路線価が決まり、評価地目・画地認定が決まれば、画地毎に間口・奥行等を計測し、それを固定資産評価基準で示された補正率と照合の上、適用して評価額を求めることとなる。

画地認定が適切に行われていても、間口・奥行の計測や、不整形補正等で問題が生ずる。国土調査が行われていれば、原則として画地測定に困る事は少ない。

但し、不整形地の場合は、奥行の取り方について問題が生じる。

つまり、奥行の定義次第で奥行長は変化し、評価額は変わるからである。

しかし、旧土地台帳附属図面、いわゆる公図しかなければ、整形地であっても大きな誤差を生ずる可能性がある。固定資産評価基準解説では、地積については台帳課税主義を採用し、原則登記地積によるとされているが、公図しかない地域では、現況地積と登記地積が異なることが少なくない。地積が異なるということは、間口・奥行も異なることになるので、見かけ以上に評価額は変わることがある。

尚、前記解説によれば、現況より登記地積が大の場合は、現況地積によるものとし、その逆の場合は登記地積によることが著しく不適当である場合は現況地積によることができるとしているが、地積の大小について、課税庁が対応することは少ないので、納税者が注意を払う他はない。

次に、間口・奥行の計測であるが、公図には、現地復元性がないので、計測誤差は避けられない。

更に問題なのは、計測作業を何時・誰が・どのように行ったのか、記録がない課税庁が多いことである。また、計測は三角スケールと思われるが、読み間違いが全くないとは言い切れない。電算上も奥行長の登録があるケースもあれば、奥行補正率しか登録されておらず、奥行の確認をしようがないケースもある。

したがって、画地計測の全てを検証することは、不可能に近い。

また、画地計測以外にも、道路との高低差・崖地・水路介在地等、補正要因は多いが、図面上だけでは判別できないものが多く、更に昨今は財政難の折から予算・人員も削減されており、百点満点の固定資産評価は、夢のまた夢となっている。

尚、これ以外に誤りの多いのが、住宅用地の減額の特例である。分譲住宅地ならほとんど問題がないが、旧市街で数筆で一画地、あるいは一筆の一部が一画地となっているケースはその範囲が不明確なものも多く、要注意である。

　また、建物の利用状況が店舗から住宅に変わったのに、特例不適用（その逆もある）というケースも多く見受けられる。店舗併用住宅として利用していたが、店を廃業した場合は特に注意が必要である。

3．所要の補正とは

固定資産評価基準（土地）解説によれば、市町村長は評価の均衡を図るため、宅地の状況に応じ、必要があるときは「画地計算法」の附表等又は「宅地の比準表」について、所要の補正を加えて適用することができるとされている。

　この趣旨は、あらかじめ定められた附表（後記コラム13参照）に基づいて計算した結果が常に適正なものになるとは限らないので、その事情に応じて価格の補正を行っても良いということである。

　所要の補正は価格を下げる場合にしか適用されないので、補正要因は一般的には減価要因とも言われている。所要の補正は、面的あるいは路線価レベルで対応できない。つまり、補正要因は画地の個別的要因であるため、個別に判断することになる。但し、補正すべき要因が認められたとしても、その価格事情が特に著しい影響がある場合に限りとされている。

実際には、「特に著しい影響」とはどの程度か分からないので、市町村によって補正要因の扱いも補正率もバラバラである。隣接する市町村でその扱い等がバラバラであると、納税者の不満も高まる傾向がある。

補正の適用が恣意的であると不公平を助長することになるが、隣接市町村間における取扱いの状況もよく分からないので、納税者が気がつかなければ所要の補正が見直されることはない。

ところで、前書によれば、市町村が実際に行っている所要の補正の実施状況は、次のとおりである（詳細は同書２８３ページ～２８７ページ参照）。

所要の補正の実施状況

補正の内容			団体数(H27)
画地条件	接面道路との高低差	高低差の程度	571
		一律に補正	29
		その他	14
	接面道路の種別・構造等	街路の幅員	264
		街路の種別	150
		舗装の有無	129
		その他	134
	用排水路等	水路幅員	440
		一律に補正	128
		その他	56
	横断歩道橋		180
	画地計算法附表		274
	宅地の比準表		269
	大規模画地		259
	過小土地		258
	その他(傾斜地等)		139
環境条件等	騒音・振動	新幹線	72
		在来線	204
		高速道路	73
		その他	47
	忌み施設		186
	悪臭		35
	土壌汚染地		36
	その他(接近条件等)		119
法律上の規制・制限等	規制区域	急傾斜地	188
		航空法規制地	13
		土砂災害防止法	596
		その他(河川区域等)	108
	地下阻害物		169
	地上阻害物		123
	埋蔵文化財及び地下埋設物		24
	セットバック		35
	建築基準法上の規制等		219
	高圧線下	がけ地補正率表適用	292
		がけ地補正の簡略化	145
		一律に補正	88
		その他	142
	市街化調整区域		238
	土地区画整理事業		64
	その他		12
宅地比準土地等	介在農地・市街化区域農地		239
	介在山林		179
	その他の雑種地		630
	その他		70
その他	私道	一律に補正	681
		その他	141
	鉄塔敷地	一律に補正	328
		その他	120
	湿地・砂利等		43
	港湾加算		27
	その他(造成費等)		180
合　計			9,160

※その他(接近条件)の内容は不明であるが、おそらく嫌悪施設・危険施設等に近接していて、価格に相当の影響がある場合のことと思われる。

ところで、特別区を除く市町村数は、1千7百18である。

所要の補正を実施している市町村で一番多い補正が私道の補正で6百81市町村で実施しているが、それでも1千7百18市町村の約40%にすぎない。残りの60%の市町村に私道がないということはありえないので、当該市町村に私道を所有している人は、所要の補正をされていないということになる。

その次に多いのが、土砂災害防止法による制限のかかる土地に対する補正で、実施市町村数は5百96で、全体の約35%である。残りの65%の市町村については、土砂災害防止法による制限のかかる土地が無いのか、それとも補正の必要がないのか、それとも良く分からないので実施していないのかは不明である。

納税者が自分の土地の評価がどう扱われているか確認しない限り、放置されることになる。もっとも、市町村にしてみても、全てを再確認する時間も人も足りないので、余程のことがない限り、市町村自らが見直すことはない。

繰り返しになるが、所要の補正の実施状況を見ると、土地評価は納税者の無関心に支えられているとしか言えない。

コラム13

画地補正として附表1～7・9の8つが示されている。尚、附表8は削除と表示されている。附表の構成は次のとおりである。

附表1　奥行価格補正率表
附表2　側方路線影響加算率表
　　　　（いわゆる角地加算）
附表3　二方路線影響加算率表
附表4　不整形地補正率表
　　　　（蔭地割合による方法と見た目による方法の2通りが示されている）
附表5　間口狭小補正率表
附表6　奥行長大補正率表
附表7　がけ地補正率表
附表9　通路開設補正率表

これによれば、普通住宅の場合、奥行価格補正率は、奥行が10m以上24m未満は1.0とされている。
奥行が9.99mの場合は0.97（3％安くなる）、24mは0.99（1％安くなる）となっているが、実測図もないのにどうやって奥行を確認しているのであろうか。形状が悪ければ奥行の測り方次第でも評価は変わるが、絶対的な方法はない。納税者が指摘しない限り、見直されることはない。固定資産税は賦課課税方式で納税者が関与することはないが、だからといって放置しておくと、その不利益は納税者が負うことになる。

コラム14-1

画地補正率の一例を示すと、次のとおりである。

附表1 奥行価格補正率表

地区区分／奥行距離（メートル）	高度商業地区		繁華街地区	普通商業地区 併用住宅地区	普通住宅地区 家内工業地区	中小工業地区	大工場地区
	Ⅰ	Ⅱ					
4未満	0.90	0.90	0.90	0.90	0.90	0.85	0.85
4以上　6未満	0.92	0.92	0.92	0.92	0.92	0.90	0.90
6以上　8未満	0.93	0.94	0.95	0.95	0.95	0.93	0.93
8以上　10未満	0.94	0.96	0.97	0.97	0.97	0.95	0.95
10以上　12未満	0.95	98.00	0.99	0.99	1.00	0.96	0.96
12以上　14未満	0.96	0.99	1.00	1.00		0.97	0.97
14以上　16未満	0.97	1.00				0.98	0.98
16以上　20未満	0.98					0.99	0.99
20以上　24未満	0.99					1.00	1.00
24以上　28未満	1.00				0.99		
28以上　32未満			0.98		0.98		
32以上　36未満			0.96	0.98	0.96		
36以上　40未満			0.94	0.96	0.94		
40以上　44未満			0.92	0.94	0.92		
44以上　48未満			0.90	0.92	0.91		
48以上　52未満		0.99	0.88	0.90	0.90		

附表2 側方路線影響加算率表

地区区分	加算率	
	角地の場合	準角地の場合
高度商業地区（Ⅰ、Ⅱ） 繁　華　街　地　区	0.10	0.05
普　通　商　業　地　区 併　用　住　宅　地　区	0.08	0.04
普　通　住　宅　地　区 家　内　工　業　地　区 中　小　工　場　地　区	0.03	0.02
大　工　場　地　区	0.02	0.01

附表3 二方路線影響加算率表

地区区分	加算率
	角地の場合
高度商業地区（Ⅰ、Ⅱ） 繁　華　街　地　区	0.07
普　通　商　業　地　区 併　用　住　宅　地　区	0.05
普　通　住　宅　地　区 家　内　工　業　地　区 中　小　工　場　地　区 大　工　場　地　区	0.02

コラム14-2 ②

附表4　不整形地補正率表

地区区分 / 蔭地割合	高度商業地区（Ⅰ、Ⅱ）、繁華街地区、普通商業地区、併用住宅地区、中小工場地区	普通住宅地区 家内工業地区
10%未満	1.00	1.00
10%以上20%未満	0.98	0.96
20%以上30%未満	0.96	0.92
30%以上40%未満	0.92	0.88
40%以上50%未満	0.87	0.82
50%以上60%未満	0.80	0.72
60%以上	0.70	0.60

（注1）蔭地割合の求め方は、評価対象画地を囲む、正面路線に面する矩形又は正方形の土地（以下「想定整形地」という）の地積を算出し、次の算式により「蔭地割合」を算出する。

$$「蔭地割合」 = \frac{想定整形地の地積 - 評価対象画地の地積}{想定整形地の地積}$$

（注2）不整形地補正率表を運用するに当たって、画地の地積が大きい場合等にあっては、近傍の宅地の価額との均衡を考慮し、不整形地補正率を修正して適用するものとする。

（注3）蔭地割合方式によらない場合の不整形地補正率の適用に当たっては、当該画地が所在する用途地区の標準的な画地の形状・規模からみて、不整形度（「普通」から「極端に不整形」まで）を判断して、次の表により不整形地補正率を定めることができるものとする。

4. 問題発生原因と対応について

以上みてきたように、固定資産評価に関する問題は、評価のプロセスの全てにおいて発生している。冒頭に指摘したように、国土調査未了地域が国土の約50％弱にも及び、特に大都市ほど調査が進んでいないことである。現地復元性のない明治初期の改租図を基に分合筆を繰り返して現在に至っているため、部分的には正確でも、全体的には整合しない。最近の判決でも、縄縮みが分かっているのに登記地積で評価したのは誤りとしている。国土調査費用は、国が50％・都道府県が25％負担としているので、市町村の負担は25％となるが、それについては特別交付税で80％負担としているので、実質負担は5％程度になると言われている。財政難に恒常的に悩まされている市町村にしてみれば、実質5％負担としても、財政的余裕がないので、躊躇する気持ちも分からなくはない。

いずれにしても、明治150年を迎えているのに国土調査が完了していないのは、先進国の名に恥じるものという他はない。国土防衛が大事というのなら、まず国土調査を完全に行うことが先である。国土調査は政府の責務であるから、全額国費で行うのが道理と考える。

<table>
<tr><th colspan="4">国土調査費の負担割合</th></tr>
<tr><td rowspan="2">国
50%</td><td rowspan="2">都道府県
25%</td><td>特別交付税
80%</td><td>実質
5%</td></tr>
<tr><td colspan="2">市町村
25%</td></tr>
</table>

コラム15

山林・農地の評価方法については細かく定められているが、林業技術者や農業の専門家でもなければ理解できそうもない内容となっている。山林・農地の評価額は路線価と異なり開示されていないので、市町村における山林・農地の評価の実情は、良く分からない。

実情を詳しく調べた訳ではないので確かなことは言えないが、これまでの経験からすると、概ね時価の10分の１以下となっているようである。

また、基準通りに評価している市町村はほとんどないように思われる。（筆者の40年近い経験ではない）

状況類似地区毎に標準山林・農地を設定することになっているが、状況類似地区とは名ばかりで、字単位となっていることが多い。

この場合、位置・形状等にかかわらず、同一字名内は全て同一単価となっている。

但し、どういう訳か同一字名内でも評価が10倍くらい違う山林を見かけることがある。

現況地目の誤りか評価の誤りか分からないが、それはともかく相続が発生し、国税庁が定める評価倍率を乗ずると、とんでもない価格になる。

固定資産評価額が安いからといって無関心でいると、相続時に困ることがあるので要注意である。

第　五　章

固定資産評価の
均衡化・適正化の壁

評価基準は難解である。

一般事務の経験しかない職員に評価させるのは、酷としか言えない。担当職員もよく分からないので、現状を追認することになる。

ところで、評価の均衡化・適正化は、土地基本法第16条に定められている。第16条では、「国は、適正な地価の形成及び課税の適正化に資するため、土地の正常な価格を公示するとともに、公的土地評価について相互の均衡と適正化が図られるように努めるものとする」としている。これを受けて公示価格を100とすると、相続税評価は80、固定資産評価は70とされ、現在に至っている。

現実の市場がこのとおりになっていれば問題はないと考えるが、不動産市場も市場である以上、時々刻々と変化しており、このとおりになっていないケースも相当見られる。もっと問題なのは、評価基準の不整合及び評価上必要とされるデータの不足・不完全さの他、価格に影響する行政上の取扱いの不明確さ等が評価の矛盾を引き起こすことである。

本章では、その実態と限界について検討することとする。

ている。

1．評価基準の概要

土地・家屋ともに、総務大臣が定める評価基準によって行わなければならないとされている。

昭和30年以前は評価基準に準じてとされ、技術援助的性格であったが、以後は評価基準によって行われなければならないとされた。

よって、評価基準に従って評価しなければ、その評価は適法とは言えないことになる。

大臣が定める評価基準は、その解説によれば、土地については第2章から第5章・5百33ページにもなり、第1章では評価基準の意義から評価の対象となる土地・地目・地積・価格について解説されている。

第2章では地目別の評価・宅地等介在農地・市街化区域農地・評価の方法として宅地・鉱泉地・池沼・山林・牧場・原野・雑種地等と、膨大な量になっている。

建物も、家屋篇として別冊で解説がされている。

これによれば、第1章 通則・第2章 木造家屋・第3章 非木造家屋・第4章 軽量鉄骨造建物（住宅・アパート用）・第5章 専用住宅用丸太組構法建物・第6章 固定資産税における家屋評価の沿革からなり、総ページ数は6百19ページと、土地よりボリュームは多い。

その内容をみると、使用部材の名称やその程度が、設備に至っては給排水・電気・建具・冷暖房・換気設備・運搬設備等にわたって細かく記載されている。

一方、標準点数に補正を加えて標点数を求めることになるが、部材については、例えば床仕上をみると、カーペットの上が6千8百30点に対し並は2千70点と、約3.3倍ほど異なっているが、その中間は示されていない。

床の補正係数をみると、専用住宅の場合、施工量の多少で1.0↓0.8、施工の程度で1.2↑1.0↓0.7となっており、1.0を標準とすると、上方に20%、下方に30%の補正が示されているが、1.2とするか0.7とするかは評価員の裁量であり、科学的な証明はできない。部材の積み上げにより評価しているとはいっても、見た目による補正が多く、結局のところ良く分からない。

建物評価に習熟するためには、専門の職員と長い経験と建築士程度の知識が必要と思われるが、評価調書の作成や保管がズサンであれば、その適正性を立証するのは容易なことではない。過年度の評価の適正性は、納税者が証明しなければならないとする裁判所の見解もあるが、評価の実情及び情報の非対称性を考えると、納税者に気の毒としか言えない。賦課課税方式である以上、評価の適正性の挙証責任は、課税庁にあると考える。

そうできないのなら、建物評価は建築士による申告主義にするべきと考える。

2. 評価基準の壁

①鑑定評価基準と固定資産評価基準との不整合

不動産鑑定評価基準によれば、土地については最有効使用を判定して評価することになっているが、固定資産評価基準では、最有効使用に関する規定はない。

評価の流れに沿ってみると、標準宅地までは鑑定基準により評価するが、画地評価は、附表1～9に示された補正率表で計算するだけで最有効使用という考え方は無視されている（第4章参照）。

一方、路線価付設に当たっての基準となる比準表は、示されていない。

したがって、比準表は課税庁が単独で作成しているが、不動産鑑定士が関与しているケースも多い。

比準表の構成は、一般的に街路条件・交通接近条件・環境条件・行政的条件・その他に区分され、要因毎に格差率を定めて路線価を算定しているが、評価基準では格差率の内容を特に明示はしていないので、全国バラバラである。

また、比準表の内容の大半は、普通・良い・劣る等のように形容詞でランク付けされているため、評価者のバイアスは避けられない。

画地計算では附表が示されているが、これだけで多種多様な土地の評価はできないので、市町村長の判断で所要の補正ができるとされている。

所要の補正の主なものを例示すると、道路との高低差・がけ地・私道敷地等が例示されているが、その適用状況や補正率はバラバラで、必ずしも公平とはいえない。隣接する自治体間で補正率が異なることが多いものの、納税者はそのことを知らないので、疑問を持つことはない。

最悪の自治体では、この補正率すら開示しようとはしないが、開示した結果苦情が来たら困ると思っているので開示したがらないのではと考える。

評価のプロセスを全て開示し、納税者が納得できるように説明をする義務が課税庁にあると考えるが、どういう訳か隠したがる課税庁があるのは困ったものである。ところで、評価のプロセスを説明する資料を評価調書というが、どういう訳か、評価調書がない課税庁もある。この場合は、評価のプロセスを合理的に説明できないので、納税者を追い返すことになるのであろうか。

②合法性・適法性の概念の欠落

不動産鑑定評価基準では、合法性・適法性の有無は、市場性に大きく影響するため、合法性・適法性について調査・検討しなければならないとされている。

他方、固定資産評価基準には、合法性・適法性についての記載がないので、固定資産評価に当たって合法性・適法性は無視されている。

例えば、都市計画区域内では、建築基準法に定める道路に２ｍ以上接していなければ建築できないと定められているが、建築基準法に定める道路に該当しない道路、一般的には私道が多いが、このような道路に建築ができることを前提とした価格が付設されているケースが相当数見受けられる。

何故こうなるかと言えば、固定資産評価基準に、路線価を付すべき街路についての定義がないからである。

したがって、事情を良く知らない課税庁では、見かけ上道路として判断できれば、建築基準法を無視した路線価を付設することになる。

実際に訴訟になったケースをみると、平成30年7月の最高裁判決によれば、建築基準法上の道路に該当しないのに、建築可能であることを前提とした評価は違法であるとしている。

一方、東京地裁判決では、固定資産評価基準に街路の定義はないので、見かけ上道路であればそれに路線価を付設して評価しても良いと、正反対の結論を下している。

このケースは、路地状画地の通路部分に路線価を付していたが、この路地状部分は当該所有者しか利用できないので、宅地と認定すべきであったと思われる。この路地状地に面した画地は無道路地で、建築できないのは建築基準法上も明らかであるのに、全く考慮されることはなかったのである。

納税者にはお気の毒様としか言いようが無いが、地価水準の高い大都市地域にこのようなケースはよく見られるので、納税者は十分に注意すべきである。

平成30年7月の最高裁判決は、是非記憶に留めて欲しいと思っている。

これ以外にも、法適合性を無視した評価は沢山あるが、紙数の関係で割愛させていただくこととする。

納税者が指摘しない限り放置されるので、納税者は固定資産評価にこれまで以上に関心を持つべきである。

コラム16

最高裁（３小）平成30年７月17日判決によれば、京都市が建築基準法上の道路に該当しない私道に接面する宅地は、建物の建築ができないのに建築可能として路線価を付設したのは違法であると認定した。

これによれば、東京都が他人が所有する路地状画地の路地状部分に建築可能なことを前提として路線価を付設して無道路地を評価したことは違法となる。

このような例は全国的にも相当数見られるが、納税者が問い合わせない限り見直されることはないので、注意が必要である。

3．賦課主義と現況主義

地方税法においては、現況に基づいて評価しなければならないという直接的な表現は見当たらないが、地方税法第４０８条で、市町村は毎年少なくとも1回は固定資産の実地調査をしなければならないとし、同法第４０９条で、実地調査に基づいて評価しなければならないとしている。

実地調査は課税客体の現況把握の為に行うものに他ならないので、結局同法第４０８条・４０９条は固定資産評価の前提条件として現況主義を要請しているものと考えられる。

それでは、固定資産（土地）の評価に際して必要となる固定資産の現況とは、一体何を指しているのであろうか。

地方税法においては、固定資産の現況とは具体的にどういうものであるかは示されていない。固定資産評価基準をみると、固定資産の現況把握について、次の記述が見受けられる。

●地目の認定

土地の評価は地目別に、基準に定める評価の方法によって行うものとされ、評価上の地目は現況の地目によるとしている。評価地目の判定を地目認定と称し、地目の認定基準日を賦課期日と同じ1月1日としている。

●地積の認定

登記されている土地は登記地積によるものとし、登記されていない土地は現況地積によるものとしている。但し、登記された土地であっても、登記地積と現況地積が異なる場合で、現況地積が登記地積より小さい場合は現況地積によるものとし、その反対に現況地積が登記地積より大きい場合で、登記地積により評価することが著しく不適当であると認められる場合は、現況地積によるものとする、とされている。

評価基準によれば、前記の地目・地積以外に現況によるものとする表現は見当たらないが、地方税法第408条・409条の趣旨に照らせば、地目・地積以外の評価に影響を与える現況についても考慮する必要はあるものと考える。

コラム17 ◯

縄延び・縄縮みとは

一般的に、登記地積より実際の地積が多い場合を縄延び、その反対に実際の地積が少ない場合を縄縮みと称している。

どうして登記地積と異なることがあるかといえば、明治時代に作成された図面が不正確であるからとしか言えない。

本州の山林では、実際の地積が登記地積の２倍以上という地域もある。ということは、その反対のケースも当然にあることになる。

また、以前は１つの土地を分割（分筆という）する場合、分割対象となる部分のみを実測し、残余の部分を据置地として実測していないため、測量誤差が据置地に配分され、結果として据置された土地の地積が、登記地積と大きく異なることがある。

据置計算された土地の所有者や地価水準が高い地域の据置地は、特に注意が必要である。

なお、筆者の経験では、登記地積の約半分しかない土地もあったが、固定資産評価は登記地積、つまり実際の倍の地積で評価されていた。

コラム18

登記地積で評価したことが違法

2009年3月の東京地裁判決（平成19年・行コ）によれば、現況地積が登記地積より相当程度小さい可能性が高いので、登記地積で評価したことは違法であるとした。

訴訟の中で、課税庁は、現況地積が登記地積より小さいことの立証責任は納税者にあると主張したが、裁判所は、立証責任は課税庁にあるとした。

評価は、現況主義を前提に、課税庁が一方的に賦課しているのに、納税者に立証責任があるとする課税庁の主張は理解出来ない。

仮に、課税庁の主張どおりとするならば、現況主義・賦課主義を廃止して、申告主義にするべきと考える。

社会的な議論を望みたい。

4. 地目・地積以外の現況と現況主義貫徹の困難性

固定資産評価基準において現況によるものとしているのは、前述のとおり地目・地積のみであり、それ以外には特に現況によるものとする記載は見当たらない。

しかし、実務上は地目・地積以外にも評価上現況把握が必要なケースは多い。

一番ポピュラーなのは、住宅用地である。

住宅用地かどうかは、建物の利用現況による。当初の調査時に住宅があれば住宅用地として認定され、小規模住宅用地及びその他の住宅用地の課税標準の特例により、減額される。

しかし、現実的には必ず一筆の土地に一戸の住宅が建っているとは限らない。

住宅の敷地が数筆で一戸であったり、一筆の一部であったりすることは、実際よくあることである。

したがって、住宅用地の認定の為には、まず画地認定が必要となり、画地認定の為には、現況調査が必要となる。

登記された建物が居宅であったとしても、利用現況が居宅でなければ住宅用地の特例の適用は出来ない。

また、登記が店舗・事務所となっていても、利用現況が住宅であれば、住宅用地の特例を適用しなければならない。

昨今、過疎地ではシャッター街が多く、店を廃業し、専用住宅となっている建物も多く見られる。都市部では、総戸数百戸単位のマンションも珍しくはないが、当初居住用のマンションとして利用されていても、時の経過と共にその一部が事務所や営業所等に利用転換されるケースは多い。

この場合、外観からだけでは全戸数のうちどの位の戸数が非住宅となっているかを確認するのは容易なことではない。まして、増改築もないのに、再度家屋調査するのは困難なことから、例えば新築住宅で軽減特例を受けているにもかかわらず、軽減期間中に用途変更されたり、建物の用途と敷地の用途の不整合等の問題が生じても、これらの事実を把握することは困難である。

市街地宅地評価法適用地区では画地認定をしなければならないので、住宅用地の特例適用に関して課税誤りとなるケースは比較的少ないと思われるが、「その他の宅地評価法」適用地区では画地認定が行われていないことが多く、数筆で一画地の場合や、一筆の一部で、しかも現況地目が異なる（例えば駐車場）場合等は、課税誤りとなる危険性は極めて大きい。

いずれにしても、地目・地積以外にも評価に大きな影響を与える利用現況は多く、現況主義を１００％貫くことは、極めて困難なものとなっている。

５．固定資産評価における現況主義と実地調査

課税客体の把握をする為には、実地調査は欠かせない。

実地調査は、法律上は毎年少なくとも１回はしなければならないとされているが、物理的・経済的・時間的にみれば、市町村内全ての課税客体を１年に１回実地調査することが無理なことは、自明の理である。

判決例（宇都宮地裁、昭和27年（行）第6号、同30・11・24）も、実地調査をしなかったという理由だけでは評価額決定の効力を否定すべきではないとし、このことから、地方税法第４０８条は訓示規定と解釈されている。

したがって、毎年現況調査を行っている市町村は、ほとんどないものと推測される。その結果、ここ数十年にわたって現況調査を行ったことがないという市町村も多く見られる。山林・原野等は長期にわたってその形態を維持していることが多い為、登記地目と現況地目が異なることは少ないものと思われる。

しかし、現実的には山林が何時の間にか畑になっていたり、その逆に畑が耕作放棄により、原野・山林となっているケースも見受けられる。

また、宅地についても住宅用地がそれ以外の用途の宅地に供されていたりと、都市部においても農村部においても経年による現況の変化は少なからず見受けられる。

このような状況下で、実地調査は訓示規定だからといっても、地目は賦課期日現在の現況地目によると明確に規定されている以上、評価地目と現況地目が異なることは、許容されないものと考える。

6. 現況主義と課税誤り

前述したように、実地調査により現況を把握して評価しなければならないとしながらも、実地調査は訓示規定と解釈し、よほど明確に現況が変わったという情報がない限り、課税客体について再調査することはないのが実情である。

調査から調査までの間が長期間に及ぶと、課税上の実態と現況が異なるケースに遭遇することは多い。

ところで、現況がそう変わっていない（どうやって確認するかは別として）のなら、毎年調査する必要はないものと考える。

しかし、現況が課税実態と異なるのであれば、現況主義に反することになり、結局は課税誤りとなる。

実地調査が訓示規定と解釈されているのは、現況と課税実態がそう簡単に変わるものではないということを前提にしているものと考えられる。その前提が欠けていれば、第408条に規定するとおり、実地調査をしなければならない。訓示規定であることを盾にしても実地調査が免除されることはないので、現況が課税実態と異なれば、即課税誤りとして税の還付等の対応をしなければならないことになる。

7. 現況主義と賦課主義の相克

固定資産税は、所得税・住民税と異なり、申告主義ではなく賦課主義となっている。賦課主義となっている為、現況の把握から評価に至るまでの全ての過程において、課税庁に一方的に責任が負わされている。賦課主義となった経緯は判然としないが、少なくとも納税者にも課税庁にも、現況の把握能力や評価能力についての問題意識はなかったものと思われる。

しかし、戦後の経済成長とそれに伴う都市部の発展、並びに土地に関する行政法上の規制等から、現況の面においても評価の面においても、地方税法や固定資産評価基準が想定していなかった事情が大きく出現していることは間違いないと考える。

ところで、固定資産税の評価に当たっては、課税客体の把握から評価に至るまで、専門的判断能力を要する場面は多い。

利用現況においても、宅地・農地・雑種地が混在する大規模画地の地目認定、利用範囲を確定する画地認定、さらには地積の確認などの測量知識、評価する為の土地利用に関する各種の法令上の知識に加え、地元における不動産取引の状況や評価の知識等、税と言いながらこれ程税以外の知識が要求される行政事務は、他にその例を見ない。

しかし、賦課主義の為、課税客体の把握から評価・課税まで全ての局面において、課税庁に一方的に責任が負わされているのは前述のとおりである。

仮に、万に一つの課税誤りも許されないとするならば、法令や評価基準どおり徹底した現況調査が必要になる。

しかし一方で、徹底した調査を行うとすれば徴税コストは膨大となり、それはやがて納税者の負担となってハネ返ることになる。

いずれにしても、全国約1億8千万筆とも言われる土地の評価や課税に必要な現況を正確に把握することは夢の又夢であり、非現実的である。

地籍調査、道路台帳、上・下水道台帳図等の国土情報のインフラが不十分かつ不整合な現状においては、現況主義と賦課主義の両立は困難と考える。

8. 地価水準把握の壁

前記の基準によれば、売買実例方式を基礎とするが、宅地についてはこれに代わって鑑定評価格の活用がされることになった。

しかし、農地・山林・雑種地等は売買実例によるか近傍地比準方式によることとされている。

しかし、過疎地では取引がほとんどないので、時価の把握は困難となっている。

また、データ不足である他、科学的分析手法が確立されていないため、不動産鑑定士の判断を待つしかないが、不動産鑑定士にしても、データが不足すると的確な判断は下せない。取引が無ければ前回評価時点からどの位下落させるかという変動率中心主義とならざるを得ない。

地価公示でもそうであるが、長期にわたって100円/㎡ずつ下げるとか、同じパーセントの下落にしているとかのケースが見られる。

個人的には良く分からないので仕方がないと思うが、それなら鑑定評価ではなく、精通者の意見でも良いのではと考える。

平成6年評価替以前は、不動産鑑定士の出番はなく、地元精通者の意見により評価していたのである。

いずれにしても、取引がないか、あっても取引価格を確認できなければ結局のところ良く分からないということになる。

現在地価公示や地価調査に際しては、土地鑑定委員会が法務省より登記情報を入手し、それを基にアンケート調査を行っている。回答率は15%前後となっているが、地価公示や地価調査に関係のない取引も相当数含まれている。

また、アンケートに協力して頂いた方には大変申し訳ないが、取引価格の勘違い（明らかに一桁異なるケース）や、アンケートの出し方に問題があるのか分からないが、取引地積が大きく異なっているケースも見られる。

アンケートに協力して頂いているのであるから、明らかに回答内容がおかしいものについて回答者に問合せをしても良いかと聞くと、ダメと言われるのである。

法律上の根拠もなく、ただダメと言われても困るのであるが、仕方がないので明らかに間違っていると判断されるデータでも、そのまま提出することになる。

将来、オープンデータ化が進み、取引データを解析できるようになると仮定すると、データの精度管理が重要になると考える。

明らかに間違いと判別できるデータが混入すると、解析結果にバイアスが生じる可能性があるからである。

個人的には、取引データをオープン化し、ＡＩを活用しての解析が望ましいと思っているが、所在・地番・地積・取引価格・所有者名の全てが個人情報であるとして、活用が進まないのは不幸である。数学的なデータ解析に所有者名は必要ではなく、所在・地番・地積は登記上公開されている。取引価格をどう扱うかは問題であるが、土地基本法の理念やマーケットの透明性を考えるなら、取引価格は個人情報ではないと定義すべきである。個人情報保護法との兼ね合いで難しいのならば、不動産登記法を改正して、取引価格を登記事項とすべきである。取引価格そのものを登記事項にすることに抵抗があるのならば、売買価格を課税標準とし、登録免許税のみを記載して、税率で割り返して取引価格が推定できるようにすれば良いと考える。

戦前は、土地台帳に一筆毎の賃貸価格が記載されていたのである。

いずれにしても、他人の取引価格は知りたい、自分の取引価格は教えたくないという国民性には、困ったものである。

仲介業者も不動産鑑定士も、取引データがなければお客さんを説得するのは難しいのに、これらの制約の中で適正価格をどう求めたら良いのであろうか。

各団体が自分さえ良ければと相互の連携は進んでいないが、国民も他人事とせずに国民的に議論する必要がある。

コラム19

地方公共団体の用地買収事例は、個人情報に該当しないとされた判決がある。

この判決は、名古屋市土地開発公社を相手に公開請求を行ったものである。

平成17年7月15日の最高裁判決によれば、個人から取得した土地の取得価格に関する情報は、特定の個人を識別しうるが、公示価格を規準としており、一般人であればおおよその見当を付けることができる一定の範囲内の客観的な価値ということができるので、私事としての性質が強いものではないので、非公開情報に該当しないと判示している。

この判決から10年以上が経過しているが、未だに個人情報であるから公開できないと拒否する地方公共団体は、後を絶たない。

残念ながら日本は法治国家とは言えないというのが現実である。

9. 国土情報の壁

①土地図面について

課税客体を把握するためには、所有者毎の土地の範囲を示す図面が必要となる。一番精度が高いのは、実測図や国土調査の成果である地籍図である。

この図面は、たとえ境界石が確認できなくても座標値があるので、境界の現地復元が可能となる。最近はＧＰＳ測量が主となってきており、測量精度の向上は著しい。

これに対し、現地の復元ができない明治以来の図面を公図と称している。

地籍図と公図の概要は、次のとおりである。

地籍図は、前述のとおり国土調査法に基づく調査の成果図である。所有者の立会い確認を得ながら筆界を確定した図面で、現地復元性があり、その精度は高い。

しかしそうはいっても、測量技術の進歩、特にトランシット・テープによる測量から光波による測量を経て、現在はＧＰＳ測量が主流になりつつあり、これまでの地籍図に比較すると、その精度も格段に向上している。測量業界の技術革新のテンポの速さには、目を見張るものがある。

ところで、国土調査は戦後始まったが、その進捗率は現在でも50％強と言われており、先進国とは言えない状況にある。

一方、昭和年代の地籍図は、測量器具・測量技術等の問題から精度的に劣る他、間違いも見られる等、必ずしも全面的に信頼できるものとはなっていない。

次に、地図に準ずる図面は、現地復元性はないが、国土調査が終わるまでの間はこれに頼る他はない。この図面で現地の確定はできず、あくまでも参考図であるので、盲信はできない。

次に問題なのが、建物図面である。

建物図面のうち、特に問題があるのが建物所在図の精度である。ご承知の方も多いと思われるが、登記上建物図面が必要となったのは、昭和38年からと言われている。したがって、昭和38年以前に建築された建物図面は義務化されていなかったため、法務局にはないことがあり、現地との照合には苦労する。

更に問題なのは、その当時の家屋番号はその建物の所在する土地の地番とは異なっていることである。

このような建物の現況を現地で登記と照合する作業は、至難の業である。関係者も亡くなっていることが多く、事情聴取もできないので、評価不能となるケースも多くなる。

建物の図面が義務化された後も、建物の所在位置については土地の境界確定を伴わないので、実際の位置とズレていたり、隣接地や道路用地にハミ出していたりと、様々なケースがある。

流石に平成に入ってからはそのようなケースに出会うことはほとんどなかったが、過疎地については未だに散見されるので、注意が必要である。

但し、増改築等については、登録免許税や不動産取得税の問題もあって、登記しない人も少なからず見られる。

いずれにしても、登記が現在の状態を反映しているとは限らない。

②地図混乱地域と地図に準ずる図面（公図）について

地籍図の作成されていない地域で問題となるのが、地図混乱地域である。地図混乱地域とは、地図に準ずる図面、いわゆる公図しかなく、現地とのズレが多い地域ということになる。

それでは公図とは一体どのように作成された図面なのであろうか。

ここで公図について概観すると、公図とは、地租改正に伴って、政府によって調査・作成された図面とされている。一般的に改租図と言われているが、明治6年から明治14年にかけて作成された図面が公図の原点とされている。

測量等は、地元の住民・戸長や総代等が行い、あるいは自らの手で作成したり、あるいは専門家に依頼して作成したりしているようである。

測量器具も幼稚で、大半が測量技術もない素人の手によって作成されたものであることから、その精度は現代に比較すると格段に劣るものであったのは言うまでもない。

作成手順をみると、一筆毎の筆限図を作成し、これをつないで字限図・村限図を作成し、これを官吏が確認して調整・保管されたものと言われている。

ところで、明治4年から明治14年にかけて作成された改租図も、結果をみるとあまりにも不正確であったため、明治18年から明治22年にかけて再調査が行われている。これを地押再調査というが、現在存在する公図のほとんどは、地押再調査による公図ということができる。

公図と一口に言っても、地方によっては呼称が異なることが多く、改租図・字限図・土地宝典等と呼称している地域がみられる。

尚、国土調査が進展していると言われる北海道でも、国土調査が完了した地域は平均約70％で、その北海道でも0％から100％と、市町村によって進捗度合いは様々である。特に道内でも比較的早く拓けた札幌・小樽・函館等での進捗率は低い。

本州でも、大都市ほど進捗率は低いが、現在の法制度や市町村の一部負担制度を考えると、国土調査完了は夢の又夢と言えそうである。

蛇足ではあるが、国土調査が完了していても、筆界承諾が得られないため、地籍図上筆界未定となっているエリアも相当数あり、これらの土地が所有者不明となる可能性は高い。

③不動産登記制度と現況主義

民法の規定により、物権の得喪変更は、登記しないと第三者に対抗できないため、登記することが必要となる。

詳しい内容は他の専門書に譲るが、ここで問題にしたいのは、固定資産税との関係である。

登記は申告主義のため、登記権利者が申請しないと、登記内容は更新されない。現在、政府では登記の義務化を検討しているが、義務化されて全国約1億8千万筆になろうとする土地の全てについて実施しようとしても、そもそも自分がどの土地を所有しているかさえ分かっていない所有者も相当数いるから、問題は解消しないと思われる。

いずれにしても、登記は申請主義であるため、かつて畑であったが現在住宅の敷地となっていても、地目が畑のままとなっている土地は相当数存在している。

他方、固定資産評価は現況主義を採用しているため、登記地目にかかわらず課税（評価）地目は宅地としなければならないことになる。

市街地でもこのような土地が沢山あるのに、郊外にある土地で建物がなければ、宅地なのか畑なのかそれとも雑種地なのかは、登記上は判別できない。できなければ評価はできないので、利用現況を確認し、それに基づいて評価することになる。

しかし、毎年確認することは、人員的にも時間的にもできないので、一度は現況確認しても、その後数十年にわたって確認されないケースも相当数ある。

固定資産評価上、登記制度とリンクしているのは、今のところ所在・地番・地積・所有者のみで、地目はリンクしていない。現在の登記制度は、現況主義と相容れることはない。

つまり、課税地目を登記主義にすると、所有者が現況地目を確認しなければならず、遠隔地にいると実質的にできない。

現況主義は、課税庁の負担が大きすぎて、実質的に破綻しており、課税誤りの温床となっている。

どちらが良いかは一概には言えないので、国民的議論が必要と考える。

④道路法・建築基準法等の行政法規と現況主義

路線価付設に当たっては、道路法及び建築基準法（特に道路に関する制限規定）、都市計画法による規制と、これに対する理解は必須である。

しかし、一般事務職である税務課の担当者が、これらの行政法規に明るいというケースは稀である。

さらに問題なのは、評価に影響するこれらの行政情報が、共有されていないことである。

道路の状態や建築規制、上下水道の状態、都市計画情報等が、縦割行政の中で管理されているため、税務課で問題が指摘されてはじめて関連する担当課に問合せをすることになる。

また、これらの行政情報の公開のあり方については、市町村毎に異なり、法の下の平等はない。同じ法律で扱っていながら、市町村によって極端に対応が異なるのは、如何なものかと思われる。

適正な評価のためにはこれらの行政情報が必要であるので、税務課と評価に関連する情報を所管する各課は、相互に情報の連携を進めるべきである。
また、納税者にもこれらの資料を開示すべきである。

第　六　章

建物評価と需給事情の補正について

建物評価は、鑑定評価基準上の積算価格の概念とほぼ同じであるが、鑑定評価では需要が無いか少なければ、市場性について検討する。

固定資産評価では、特別な事情がなければ、需要があっても無くても、つまり、ポツンと僻地に佇む一軒家も、銀座のど真ん中にある一軒家も、同種・同規模であれば同じ価格となる。これをそのとおりと考える人は誰もいないと思うが、何故か考慮されることはほとんどない。

評価基準では、建物も時価と定義しているのであるから、市場性についてもっと検討すべきと考えるが、課税側からみれば、不動産業でも営業していない限り、市場の実態を把握することは困難である。よって、市場性の有無にかかわらず、計算上の価格となっている。本章では、実際タダでもいらないと言われる建物に市場性とかけ離れた価格がつけられているので、その実例を紹介しつつ、建物の時価について考えてみたい。

1．建物の固定資産評価額を考える

地方においては、中古建物付きの土地はなんとか売れるが、更地はなかなか売れない。バブル崩壊前は更地が一番と言われ良く売れたが、バブル崩壊後は逆になり、更地が売れにくくなっている。

しかし、中古建物市場が活発化しているかといえばそうではなく、建物に新規投資するより安く買えるからというのが理由である。

いずれにしても、家屋の市場価値は、家屋の評価額より低い傾向があるのは否定できない。

ところで、中古建物市場とはいっても、売れるのは比較的需要の多い住宅に限られる。もともと需要が少なく汎用性のない建物、例を挙げると、店舗併用住宅・診療所・地方の工場等の用途が一般的ではない建物は、過疎化傾向にある市町村においては需要が限定されるため、家屋評価額が数千万円でも、タダ同然の取引となっている。

次の例は、道北のある市で売出された物件の概要である。

○土地　４５４．６４㎡
道道（幅員15ｍ）に接面。南東角地
○建物　診療所・居宅　ＲＣ２階建
（延）４９４．７１㎡　昭和47年10月築
○地域の状況等
道道沿いに店舗・共同住宅・一般住宅等が混在する地域。

第一種住居地域（建ぺい率60％・容積率200％）
○売出価格　２００万円（土地・建物）

この売り物件の家屋評価額は、１千４百２６万２千円である。

資料等によれば、建物は経年に比較して維持管理の程度は良好である。

因みにこの物件の固評における正面路線価は９千８百円/㎡である。

角地を無視しても、固評ベースの土地価額は４百４５万５千円となり、土地のみの評価額だけでも売出し価格の２倍を超える。

地方においては、固定資産評価額にはるかに及ばない中古物件は前記の例のみならず、かなり多く見受けられる。

個人的に経験したケースでは、地下1階付き3階建のホテルで、評価額が1億4千万円の建物が、4百60万円で売却されたケースがある。驚くなかれ、建物評価額の約30分の1の価額である。

所有者は窓口で文句を言うが、現在の評価基準ではどうしようもないので、諦めているのが現状である。

このような事例は沢山あるのに、社会問題化しないのは何故か良く分からない。

2. 中古建物市場と需給事情による減点補正率

家屋の評価基準においては、中古建物の市場動向を想定し、需給事情による減点補正の考え方を示している。

これによれば、建築様式が著しく旧式となっている家屋又は所在地域の状況によりその価額が減少すると認められる家屋について、その減少する価額の範囲において求めるものとし、各市町村長の判断と責任において減点補正率の限度を定めるものとされている。

しかし、建築様式は誰が見ても容易に察しがつくであろうが、所在地域の状況により価額が減少すると認められる家屋については、あまりにも概念が不明確で、対応のしようがないと思われる。

更に、減少する価額の範囲を客観的に把握するとなると、雲を掴むような話となる。

不動産鑑定士として特殊な建物の評価をすることがあるが、正直に言って、確実に売れる価格を評定するのは至難の業である。まして、需給事情による減点補正率の適用は、少なくとも築後30年以上経過した特殊な建物について必要になるものと思われるが、これを評価替年度毎にモニタリングするとしても、人手不足が常態化している市町村では、どう考えても無理である。

コラム20

第1種低層住居専用地域にある風営法対象の建物、いわゆるモーテルの調査に行ったことがある。

第1種低層住居専用地域では、モーテルの建築はできない。何故こうなったのかを役所に聞くと、新築時は準工業地域であったので許可された、とのこと。

現在は、用途地域が変更されたので、既存不適格建築物に該当する由。

一方、風営法では、所有者が変わるとモーテルの営業はできない。とすれば、モーテルとしての市場性はない。旅館に改築しようと思っても、用途規制上できない。とすれば、アパートか高齢者施設等、用途規制に適合するようにしなければならず、多額の費用が発生する。

固定資産評価上、このような事情は全く無視されるが、固定資産評価額で買う者はいない。

社会の常識と建物評価の基準は隔絶している。

建物の客観的交換価値は、これらの事情を無視して成立するのであろうか？

3．老朽家屋・廃屋の把握と評価

本来、老朽家屋・廃屋・用途不適合建物等については、適宜需給事情による補正を加えて、適切な時価の把握に努めなければならないものと考える。

しかし、実際問題として、地方の市町村においては行財政改革等により人手不足が常態化しているのは前述の通りである。

ところで、仮に老朽家屋・廃屋の把握が出来たとしても、損耗減点補正率を適確に補足・適用するのは、容易なことではない。

更に問題なのは、規模の小さい市町村では、非木造・非住宅の特殊な建物の評価は行っておらず、都道府県が評価していることは前述した。

新築時は指導官庁である都道府県が評価するものの、損耗減点補正や需給事情による減点補正には関与しない。このような市町村においては、非木造・非住宅等の特殊な建物の評価経験がないので、需給事情による補正を市町村長の判断と責任において適用しなさいというのは極めて不合理で、妥当性を欠いていると言わざるを得ない。

4．残存価値率について

家屋評価においては、残存価値率は20％とされている。

他方、企業会計上、有形償却資産の残存価値率は10％とされているが、耐用年数を超えて使用しているものについては、95％まで償却可能とされているため、最小残存価値率は5％ということになる。

不動産鑑定評価においては、建物の残存価値率を10％としているものが多い。いずれにしても、この場合の残存価値率とは、現に使用ないし稼働していることが前提である。

鑑定評価においては、老朽化が進行し、使用できない或いは使用するとしても大幅な追加投資が必要となる建物は、最早残存価値すら無く、取壊しが相当と判断される。廃屋ならば、尚更取壊しが前提となる。

この場合、建物の評価はゼロで、取壊し費用を更地価格から控除することになる。

したがって、老朽家屋・廃屋等が現存する土地は、更地価格より安く取引されるのが実情である。

ところで、家屋評価において残存価値率が20％とされた経緯については、勉強不足でよく理解していないが、前述の状況を考慮するならば、残存価値率で評価しても良い家屋は、少なくとも現に使用している建物に限られるのではないかと思われる。

老朽化等により長期間空家となっている建物や廃屋は、大幅な追加投資ないし取壊しが相当と判断され、社会的・経済的にみても残存価値が再建築価格の20％もあるとは到底言い切ることは出来ない。

したがって、これらに該当する家屋は、損耗減点補正率や需給事情による減点補正率を適切に把握し、適用すべきものと考えるが、前記の事情等により対応できないのが現実である。

5．住宅用地と空家

住宅用地とは、専ら居住の用に供する家屋の敷地とされ、小規模住宅用地については課税標準の特例が適用される。

家屋が住宅であるかどうかは、構造・使用状況により判定するものとし、「居住の用に供する」とは、「特定の者が継続して居住の用に供することを言う」とされ、空家であっても、居住以外の用に供されるものではないと認められる場合は住宅に含めるものとされている。

ところで、空家といっても千差万別である。

一見空家のように見えても長期不在であったり、住民票をそのままに夜逃げされた家屋等は、空家とわかるまでに相当時間がかかるものもある。

いずれにしても、長期間維持管理されていない家屋は、現に使用している家屋に比較すると、経年劣化の程度が顕著である。特に積雪が多い地域では、積雪による屋根・窓ガラスの破損に始まり、雪融けと共に融雪水が家屋内に侵入し、雨・風によりそれが更に拡大し、やがて腐食が始まり、廃屋と化すのに10年もかからない。

これらの建物の取壊しが何故進まないかといえば、地価が安く、取壊し費用が土地代を上回るケースがある他、更地にすると固定資産税が小規模住宅用地では約6倍にもなるケースがあるからである。

その結果、空家は放置されて、やがて廃屋化する。

このような家屋が増えると、課税上もさることながら、安全上・都市計画上も問題となる。

ところで、10年程前の話であるが、実際に街の中心部にある建物でこのような問題が起きたので紹介する。

土地は４７３・１９㎡、建物は昭和45年12月新築のＲＣ４階建・延床面積１５０５・３６㎡の店舗・共同住宅である。

この建物の家屋評価額は約４千３百万円、相続税路線価は３万２千円/㎡（Ｈ21年）である。この建物は、当時空家であった。老朽化が著しく、外壁が剥がれ落ち、通行人に危険が及ぶとして、危険倒壊家屋に指定された。

所有者は地元不在の高齢者で、経済的にも対応力がない。更に悪いことには、この建物はアスベストを使用しているため取壊し費用が嵩み、地価総額をはるかに上回ることが予想されていた。

この建物は街の中心にあるが、中心部は人口減少や郊外店舗の進出による中心商業地の空洞化現象にさらされ、空家が大幅に増加しており、大幅な追加投資を行ったとしても需要は見込めない。税務課は対応に苦慮していたが、ゼロ評価もできず、かといって寄附を受けて公費で取壊すこともできず、北海道・警察・消防署・市と協議を重ねるも、結論を見出せないでいた。

関係者の話によれば、道内ではこのような家屋が増加しているため、公費で取壊しをするという前例を作ると、該当家屋を全て公費で取壊すことになりかねず、ただでさえ苦しい財政事情を更に逼迫させることになるため、お手上げ状態とのことである。

いずれにしても、このような建物でさえ４千３百万円の評価額がつけられていることには驚きを禁じ得ないが、かといって現行家屋の評価基準の中では対応するのも困難であることも否定できない。

市町村の能力不足を非難するのは簡単であるが、非難したところで問題は解決しない。

6．競売評価と家屋評価の苦情及び需給事情の補正について

競売評価は、民事執行法により売却されることを前提にしており、正常価格は求めていない。

競売物件は、可能な限り早期に売却することを求められているため、需給動向等を十分に把握して評価している。そのため、家屋評価額と著しい開差が生ずるケースも見られる。

他方、競落人からすれば、二束三文で買ったはずの不動産に予想外の取得税が課されるため、固定資産税が高いというよりも、とりあえず取得税を低くするために、家屋評価に対して苦情を申立てることになる。

家屋評価は判例等により、客観的交換価値ではなく評価基準適合説を採用しているため、特別の事情（それが如何なるものを指しているのかは判然としないが）がない限り適切なものだとしている。今のところ、下級審も同様の論理で排斥している。

しかし、前述したように、大都市はともかく地方都市では実際の取引価格と家屋評価額の隔たりは大きく、市民の理解を得るのは困難となりつつある。少子高齢化に伴う人口減少から、需要は激減する。

競売に出すまでもなく全く売れないので相続放棄する人も多いが、今後売れない建物の評価が高いのではという苦情は増えても、減少することはないと思われる。

尚、家屋ではないが、ゴルフ場の競売では、固定資産評価額の20分の1というのも珍しくはない。

ところで、家屋といいゴルフ場といい、積算価格で評価できるのは需要がある場合だけで、需要がなければ積算価格は説得力を持たない。

郵政の簡保の宿の評価の問題もこれと同根であり、積算価格がいくら高く求められても需要がなければ売却価格は捨て値となるが、固定資産評価では、需要の有無はほとんど考慮されていない。

このような中で、ゴルフ場と大規模商業施設について、最高裁から需給事情の補正をすべきという判決が出されたことを受け、総務省は平成26年3月に、ゴルフ場と大規模商業施設についての需給事情の補正に係る通知を行った。

しかし、どう補正するかの具体的数値は示されていないので、課税庁が独自に考えて下さいということになっている。課税庁にそのような能力はないと思うが、特殊な用途の建物等の需要はないので、需給事情の補正は弾力的に行うべきと考える。

7．市町村の対応と今後の課題

老朽家屋や廃屋・競売物件については、前述の状況から納税者や競落人からの疑問・苦情は増えても、減ることはないと思われる。現実とのギャップが著しいと、感情的にもなる。市町村も事情が良く分かるだけに、個別に評価額の見直しに応ずることもある。

最近は、道外の利害関係人から激しく評価額の引き下げを求められ、やむなく個別対応する市町村が出てきているが、これに味をしめた者がこの前例を盾に他の市町村へ苦情を申立てるケースが見受けられ、問題が拡大する可能性がある。

二極化する地域経済を背景に、家屋の評価額と取引市場のそれとの乖離は、益々大きくなるものと予測される。とすれば、個別対応も限界となる。ゴルフ場における残地森林を一般森林として評価すべきという流れが定着しつつあるように、家屋評価も現実の市場に合わせて評価を見直すことが求められるべきと考える。家屋の評価額が現実の市場価値を反映した適切な価格とするならば、土地と同じように客観的交換価値の把握が必要となる。

しかし、前述したように小規模な町村においては、非木造・非住宅の評価スキルを持ち合わせていないことが多い。まして、築後数十年を経過した家屋について、損耗減点補正率や需給事情による減点補正率を把握・適用することは、基礎となるスキルが無い以上、全くもって無理と言わざるを得ない。

したがって、将来的には家屋についても、不動産鑑定士・建築士等の外部の専門家の活用や、市町村の枠を超えた第三者評価機関の設置を検討する必要性があるものと考える。

また、家屋の評価基準を抜本的に見直し、より簡素化すると共に、地域経済や個別家屋の需給動向等を適切に反映できるようにすることも必要と考える。

更に一歩踏み込んで、家屋の評価は時価を求めるものではなく、行政サービスの対価の負担基準であるとのコペルニクス的発想の転換が必要なのかもしれない。

第　七　章

固定資産評価の
簡素・簡明は何処へ？

固定資産評価は極めて複雑であるうえに、評価上のデータは不完全で誤りも多い。現況主義は事実上破綻しているとしかいえないが、データ管理の責任の無い課税担当が、現況主義に基づき、他のセクションが作ったデータのチェックをしなければならないというのは、ブラックジョークとしか言えない。

評価上、必要となる国土に関するデータが不完全である以上、評価の完全性を求めるのは無理である。

固定資産評価はもっと簡素化し、誰にでも分かるようにすべきと考えるが、その道は遠い。

この章では、評価事務の標準化と、簡素・簡明化について検討する。

1．課税明細と負担水準について

課税明細の様式は全国バラバラで、統一化されていない。札幌市の様式は、ほぼ標準的と思われるので、これを例にその内容に触れてみることとする。

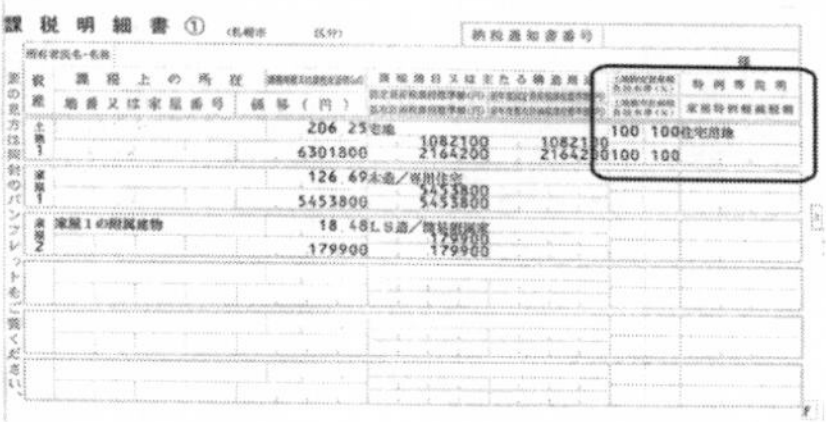
課税明細書①　(札幌市　区分)　納税通知書番号

土地1	206.25 宅地	1082100	1082100	100　100 住宅用地
	6301800	2164200	2164200	100　100
家屋1	126.69 木造／専用住宅			
	5453800			
家屋2 家屋1の附属建物	18.48 LS造／物置	179900		
	179900	179900		

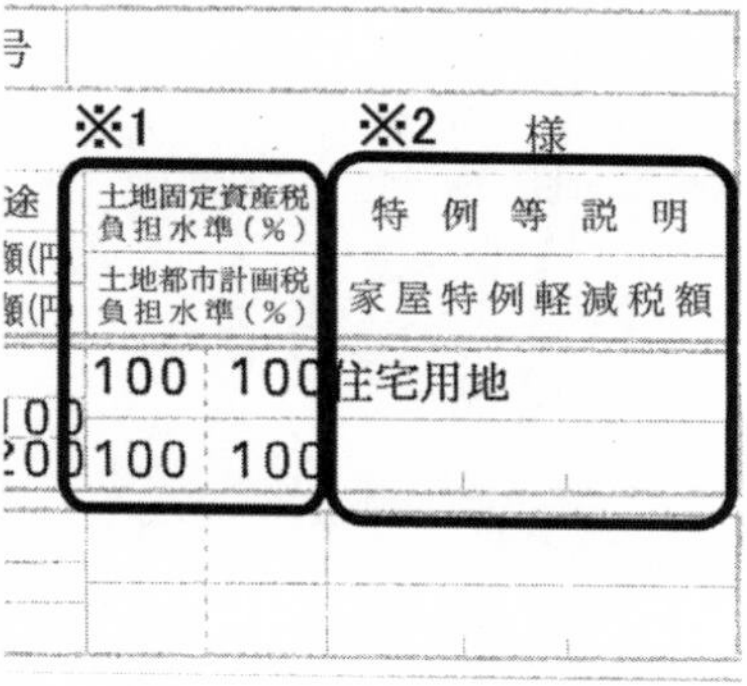

この様式を見ると、所在・地番・地積・評価額の他、固定資産税・都市計画税の課税標準額が記載されている。

この土地は住宅用地（※2の特例等説明の欄に「住宅用地」と記載されている）なので、減額特例が適用されて、固定資産税はほぼ6分の1、都市計画税はほぼ3分の1の課税標準額となっている（200㎡までは6分の1であるが、このケースでは2百㎡を超える部分があるので、6分の1丁度にはならない）。

住宅用地に該当する所有者は、※2の特例等説明の欄に注意して欲しい。住宅用地なのに特例欄に記載がなければ、課税誤りの可能性が高い。

ところで、気になるのは※1の負担水準である。

負担水準とは、評価額に対する割合とされている。

課税標準は、本来的には評価額と同一になるべきであるが、それまでの評価の不均衡をそのままに、建前上公示価格の7割水準に評価を引き上げたことにより、大幅な増税となることは避けられなかった。

平成6年以前は、時価の10％前後から100％に近い状態であったので、100％評価の土地は70%に、10%の土地は7倍になるが、後者の土地の所有者はこれまでの税額の7倍の負担には耐えられないのは明らかであった。

政府はこれを避けるため、当初は負担調整を行うこととし、時間をかけて7割水準に引き上げることとした。

納税者は、時価が下がり続けているのに税負担が毎年増えるのは問題と大騒ぎしたが、その原因は評価がバラバラであったことに起因する。

そのことを説明しないため、納税者の理解を得ることは、なかなかできなかった。

この調整は平成17年まで続いたが、平成18年からは負担水準とし、前年の減額特例前の課税標準額が評価額（住宅用地）の0.8以上1.0未満は据え置き、0.8未満は毎年5%ずつ税額が増えることになった。

商業地等（住宅地以外の土地〜工業地等を含む）の場合、0.6以上0.7未満の場合は据置、0.7以上は評価額×0.7、つまり、公示価格等の49%（0.7×0.7）の水準が打ち止めとなる。0.6未満の場合は、0.6になるまで毎年5%ずつ税額が増えることになる。

このことは、評価が依然として不均衡かつ不公平であることを示している。

商業地等（住宅地以外の土地）の場合

・固定資産評価額を100%とする
（地価公示価格等×7割）

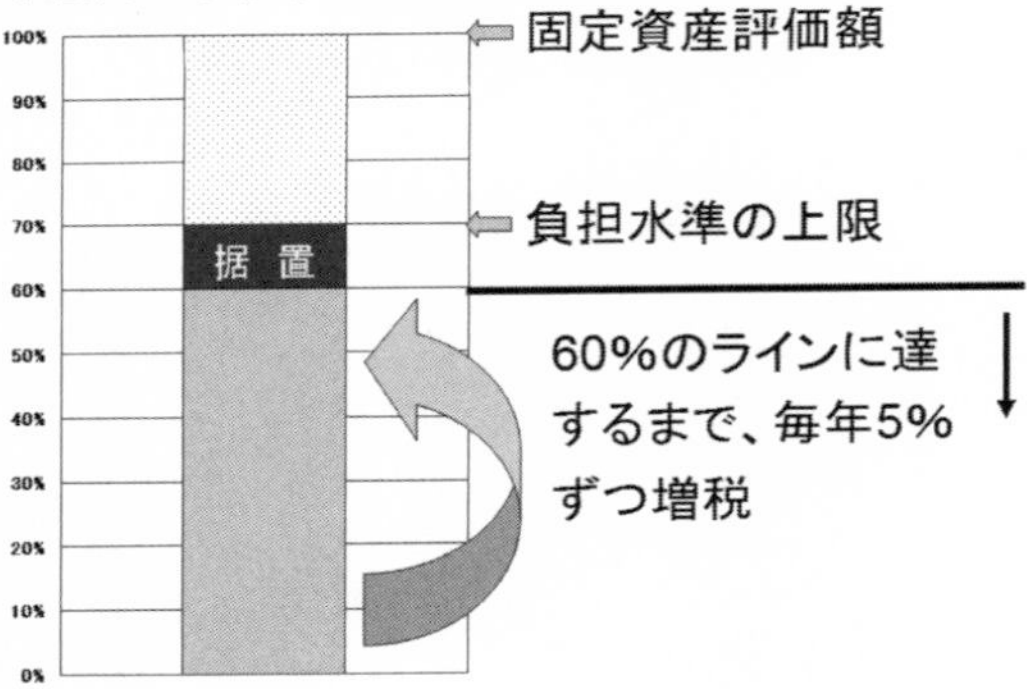

コラム21

課税明細を考える

課税明細とは、税額の根拠となる評価額、課税標準額（課税標準額は、原則として固定資産の価格とされているが、例外や減額の特例があるため、必ずしも評価額＝課税標準額となっていないので注意が必要）を一筆毎・一家屋毎に示したものである。

個人的には、いきなり評価額・課税標準額を示すのではなく、基礎となる路線価・評価地目（登記と異なるのであればその旨）・画地計算の内容（間口・奥行の長さ・補正率）等を示す必要があると考える。

印刷費や事務量が多くなるが、納税者の意識の向上や自己チェックのためにも、有益であると考える。

2．7割評価と評価の誤差

あまりにも複雑化した評価の仕組みについてもっと簡素化・簡明化できないか、というテーマで、一般財団法人資産評価システム研究センター主催の固定資産評価研究大会が開催されたことがある。

あれから10年以上経過したが、簡素・簡明化は進んでいるとはとても言えず、逆により細かなことを問題にしていることが多くなってきているように思われる。

巨大な建物については、完成から評価が終わるまで2年ほど要するという事例も出てきている。賦課期日現在、完成しているのに課税できないという事態を、評価基準を作った人は予想しえたのであろうか。

他方、土地については、自然災害の多発から、新しい法律（土砂法）ができ、評価に影響を与えるからとして、どう評価するか検討中の自治体も多い。

最高裁は、土地評価は客観的交換価値に比較してその3割以内であれば誤差のうちとしている。

とすれば、3割以上の減価がなければ補正しなくても良いのではと考えるが、反面、規制のかからない土地と同じ価格で評価するとされた方は、公平ではないと思うであろう。評価誤差論が優先されるのであれば、3割以内の不公平も許されると考えるが、納税者を納得させるのは難しい。

課税庁にしてみると、現地復元性のない公図しかなければ、土砂災害危険区域の指定のように座標と現況図に示された位置と公図が整合しない場合はどうするのか、悩みは尽きない。

土地であれ建物であれ、マニアックな程細かい評価基準を理解するのは、至難の業である。一般事務職が評価補助員として評価を行っているが、2~3年で異動するため、スキルを身につけることはほとんど不可能である。しかも、評価替業務は日常業務ではないのである。片手間でしか対応できないし、マニュアルに沿ってできる業務ではなく、判断しなければならない事項も多いので、結局触らぬ神に祟りなしということで、納税者からの苦情がない限り、見直すことはしない。

建物はもっと複雑であるから、アンタッチャブルの世界となる。

これらの状態を避けるために、簡素化の必要性が叫ばれたが、納税者の無関心が風化させてしまった。このツケはやがて納税者に降りかかって来ると思うが、おそらく犠牲者が出なければ対応しないと思われる。

3．評価事務の標準化

固定資産評価は、市町村固有の事務と言われるが、基本は総務大臣が定める固定資産評価基準に基づくことが要請されている。そうは言っても、不動産のあり様は様々であるので、市町村固有の事情があれば、それを反映させても良いことになっている。

通常、評価基準に定められていない事項については、固定資産評価事務取扱要領（以下事務取要領と略称）を定め、それに基づいて評価することが期待されている。

筆者があえて「期待」と表現したのは、実は、事務取要領が、あっても不十分か、そもそも事務取要領がない市町村があるからである。

そのような市町村では、評価額が求められた理由がハッキリしないので、クレームが来ると対応に困ると聞いている。

相談を受けたケースの大半は、評価誤りを認めるか、基本ルールにより評価を見直すしかないのであるが、評価の方法を熟知していないので、その場限りの対応となる。納税者も評価が複雑で理解できず、担当者も良く分からないので、我が町の固定資産評価に問題はありません、と豪語する担当者が出てくる。

この傾向は、地価水準の低い地方に行く程多くなる。

実際、平成6年以降、文句を言ってきた人は一人も居ませんと言った担当者がいた。こちらがちょっと見ただけで問題があると指摘したにもかかわらず、誰も文句を言ってこないので問題はないと言い放ったのである。

こちらも秘密保持義務があるので納税者に教える訳にもいかず引き下がったが、賦課主義の限界を見ることは多い。

何故このような状況になっているかと言えば、総務大臣は評価基準を示し、都道府県が指導・監督をすることになっているが、東京や政令指定都市を除くと、評価実務を経験していないので、市町村にアドバイスをする能力がないからである。

結果として、市町村が独自に、あるいは評価システム会社、あるいは類似市町村の情報を基に作成することになるが、標準化されていないため、内容もバラバラとなっている。

筆者も、事務取要領の作成をお手伝いさせて頂いたことがあるが、宅地以外はあまりにもバラバラで、一気に均衡化・統一化することが困難なケースが多い。

実際、ある町で相談を受けたケースを紹介する。

評価内容を精査しようと思って資料を見たが、あまりにも量が多く、内容も不明で、かつ時間的・費用的・人員的にも対応不可能で、税収も減少する可能性が高かったので、納税者からクレームが来るまで先送りしたらどうかとアドバイスした。

課税誤りや評価誤りも相当あると推測されたが、地価水準も低く、納税者の関心もほとんどないので、先送りは仕方がなかったと、今でも思っている。

本来ならば、評価基準ばかりではなく、納税通知書や課税明細、評価証明等の書式が何故標準化されないのか、不思議である。

また、事務取扱要領のみならず、評価システムや電算処理システムも標準化が必要と考える。

税務課の担当者や委託者の問題意識もバラバラであるため、市町村の数だけ対応の仕方が様々で、一筋縄ではいかなくなっている。

そうは言っても、このまま放置していても良いという訳にはいかないと考える。人工知能が発達し、情報のオープン化や共有化が進めば、納税者と市町村の対立が激しくなり、いずれ現行方式は立ち行かなくなると思われる。

簡素・簡明は時代の要請であり、避けて通れないと思うが、納税者の反応は鈍い。納税者の無関心はやがて地方自治の崩壊へとつながるのであろうか。

第　八　章

課税権と評価権の分離

前述したように、固定資産評価は複雑で、多様な専門的知識を必要とする。

一方、地方財政の問題から、人事異動のサイクルは高速化し、担当者のスキルの低下は著しい。欧米にならって、行政においても専門的スキルを要する部署については、専門的スキルを有する職員に継続的に担当させる方が良いのではと考える。

役所が素人集団化すると、納税者とトラブルになっても独自に対応できなくなる可能性がある。

この章では、平成17年の東京都税制調査会答申を取り上げ、これについて検討してみたい。

1．課税事務としての評価の現状

固定資産税の課税庁である大半の市町村は、税務課の担当職員が評価補助員として評価し、これを評価員である市町村長等が追認する形となっている。

市町村長は全ての行政事務を統括しているものの、自らができる訳でもないので、評価補助員が評価した結果を機械的に追認しているだけである。

他方、評価補助員が評価補助員として訓練されているかといえば、全くそんなことはなく、人事異動で偶然担当になるだけである。

実際に農業委員会から税務主幹になった職員に評価替の説明をしに行ったことがあるが、２時間かけて説明したものの、全く理解できないと言われてしまった。

評価替は単なる行政事務ではないので、評価するための相当の知識を必要とするが、予備知識もないのに辞令一枚で担当にさせられた担当者も困惑するだけである。

日本の行政システムは、明治以来ゼネラリスト養成型となっているが、２～３年で行政内部の各担当課を渡り歩いたところで、十分な経験も専門的知識も身につくはずがないのに、素直に認めようともしない。戦後は欧米型の民主主義が取り入れられ、情報公開も進み、国民一般の教育レベルも上がったことから、十分な専門的経験のないまま国民に専門的な観点から説明しようと思っても、国民とのレベル差がないので無理と考える。いっそ欧米にならって、行政も専門家を養成する必要があるのではと思われる。

とはいっても、過疎化する自治体では、職員の確保も専門家の養成も困難となるので、いずれ行政事務の大半が民営化する必要に迫られるのではないかと思われる。

2. 課税権と評価権の分離

固定資産税は、行政サービスの評価であるから、地価水準と行政サービスのレベルとの間には、一定程度の応益性があると考えられている。

しかし、昨今の大都市と地方における地価水準と行政サービスの対価性を考えると、その関係は希薄であるとしか言えない状況となっている。

つまり、地価水準の差ほど行政サービスのコストに差が認められず、むしろ、地価水準が低い地域程、行政サービスの対価が割高となっているからである。

大都市では、その逆で割安となっているため、固定資産税収入の大半は、一般財源ということになる。

ということは、固定資産税を応益性の観点から捉えることに、無理があるのではと思われる。

地価水準と行政サービスの間に応益性があっても僅かであるならば、土地評価を精緻化することに、あまり意味はないと考える。

仮に資産課税とするならば、課税方法は賦課主義ではなく申告主義にすべきと考える。

それはともかく、現行の評価方法は問題が多く、専門知識が不十分でかつ経験も少ないという人的体制では、評価の適正化は困難と考える。

実際、人事異動の高速化もあって、評価替の時期にあるかどうかを問わず、これまでの評価は正しいという前提にあるため、評価を点検することはほとんどない。

納税者からのクレームがあって初めて見直すことになるが、それもクレームのあった土地・建物だけを点検し、類似案件を見直すことは少ない。

何故かと言えば、類似案件の全てを点検するだけの人的・時間的・経済的余裕がないからである。

仮に、評価の精度を上げることが必要であるとしても、そのためには多額の予算と人的資源を投入しなければならないが、直接的な行政サービスの向上にはつながらないので、納税者の理解は得られにくい。

また、市町村長にしてみると、評価の精度を上げても税収に直結することはなく、納税者の理解も得られないとすれば、評価を全面的に見直すインセンティブは働かない。

かくて、納税者が問題にしない限り、見直されることはない。

たまに、課税誤りをマスコミがニュースとして取り上げると市町村長も少しは気にするが、その対応だけで終わることになる。

ところで、公的評価は現在のところ、地価公示は国交省、地価調査は知事、相評は国税庁、固評は総務省・市町村と四重行政になっているが、これらが何とか機能しているのは、公的評価の全てに不動産鑑定士が関与しているからである。

しかし、行財政改革の中で、公的評価の予算も着実に削減される可能性があることから、全国を一律的に評価の均衡化・適正化を図ることは困難になるものと思われる。公的評価の均衡化・適正化が国の重要課題だというのならば、いっそのこと評価は全て国ないし独立機関が行い、国・市町村はその評価を基に課税・徴収することにすれば無駄が省け、国・市町村・住民にとってそのメリットは大きいものと考える。

行政サービスの対価を当面評価で計量し、負担額を求めるというのであれば、評価権と課税権を分離し、評価は国又は独立機関が行い、課税はその評価に基づき市町村が行うことにすれば、より効率的で、国・納税者にとっても負担は少ないものと思われる。

尚、評価権と課税権の分離については、東京都税制調査会が平成17年度の税制調査会答申で提言しているので、その概要を紹介したい。

東京都税制調査会答申の第2部では、地方分権時代に相応しい固定資産税制と題し、固定資産税の問題を次のように指摘している。

「現行の固定資産税制は、社会経済の状況の変化に対応するために様々な調整措置、特例措置を積み重ねてきた結果、複雑でわかりにくいものとなっている。とりわけ、バブル経済の生成・崩壊の過程で生じた地価の異常な高騰・下落は、固定資産税制に歪みをもたらし、納税者の理解を得ることが困難な原因となっている。また、急激な税負担の上昇を緩和するために設けられた長期間にわたる負担調整措置は、バブル経済の崩壊に伴う地価の下落局面においても税負担が上昇するという現象を招き、納税者からは『地価が下がっているのに固定資産税が上がるのは納得がいかない』という批判が相次いだ。加えて、負担水準の考え方が導入され、制度がさらに複雑化したため、納税者はますます固定資産税制に対する不信感を募らせる結果となった。こうした不信感を放置したままでは、固定資産税制のみならず、いずれ税制そのものへの信頼感を喪失させてしまうことになりかねない。

―略―

固定資産税は、地方自治の担い手である市町村にとって、極めて重要な財源である。地方分権の時代に相応しい固定資産税制を実現するため、簡素でわかりやすいものとなるよう抜本的な改正を行うとともに、地域の実情や特製に応じて課税の仕組みを換えられる余地を増やすなど、制度を再構築していかなければならない」と同答申は指摘している。

そして、これらの点を踏まえて①固定資産評価法（仮称）の創設、②資産評価機構（仮称）の設置を提言している。現行の評価基準に代えて固定資産評価法を定め、固定資産の価格の定義や算定方法などについて疑義が生じないようにしていくことが必要としている。②の資産評価機構については、固定資産評価員制度が転機にあること、課税の基礎となる評価額の信頼性及び統一性を確保することはより重要であるが、現行の市町村を単位とした評価体制には一定の限界があることから、評価機能を充実させるとともに、評価の客観性・透明性を確保し、専門性（評価技術）を向上していく観点から評価体制を広域的に集約し、かつ評価を課税庁から独立して行うことが必要であると指摘し、そのために各市町村が併せ持つ固定資産の評価権と課税権を分離し、都道府県毎に評価権を集約した「資産評価機構」の設置を提言している。

尚、同答申によるイメージ図は下図のとおりである。

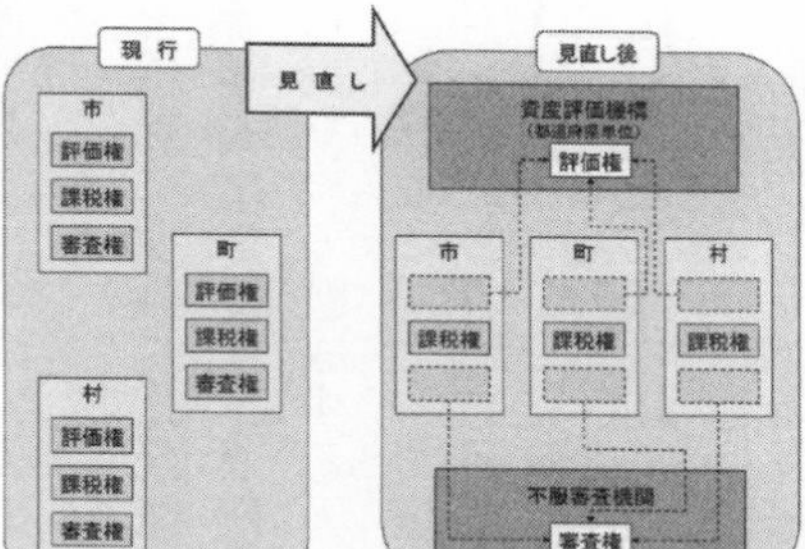

3. 広域評価体制について

前述のように、東京都税制調査会は、課税権と評価権の分離を提言したが、あれから14年ほど過ぎても、一歩も進んでいない。

筆者も、東京都税制調査会答申よりも前に同じような提言を雑誌に投稿した記憶があるが、固定資産評価は極めて高い専門的能力を必要とし、片手間で出来るような仕事ではない。そのことは関係者の誰もが知っているが、残念ながら表立って賛成する人はいない。

その理由は、省庁の権益を侵害するからと考える。憲法で主権在民といっているが、統治者にとって省庁の権益を侵害するような仕組みは不要というのであろう。

そう考えなければ、課税権と評価権の分離の話がマスコミにも取り上げられることもなくお蔵入りしている理由が分からない。

個人的には、評価権を分離しても、課税自主権を侵さないので問題はないと考えるが、評価を管理する部門を持つ国交省・総務省・国税庁にとっては、組織の改編につながるので嫌ということになるのであろう。行財政改革と言いつつ、実体は国民にしわ寄せするだけで、統治機構は焼け太りするだけである。そのことに無関心な国民が多いのであるから、どのようなことが起こっても自己責任ということであろうか。

ところで、評価権の分離が無理なら、広域評価体制を採用したらと考える。

平成16年11月に開催された資産評価政策学会・日本不動産学会・都市住宅学会の3学会の合同研究大会では、資産評価政策学会のワークショップで、課税権と評価権の分離に関する討議が行われたので紹介する。

このワークショップには、筆者も参加させていただいた。その中で、筆者は評価専門組織が必要な理由として、次の5点を挙げた。

①教育制度の不備
②現況主義と国土情報の不備
③縦割行政の弊害
④評価バイアスの存在
⑤評価システムの不統一

評価機構の設立が無理ならば、せめて評価の広域体制が必要ではと思われることから、現行制度の中で取り得る方法について検討した。

この中で、東京税務協会の池田氏が２００６年３月に資産評価システム研究センターのワーキンググループがまとめた『地方税における資産課税のあり方に関する調査研究』を紹介し、この報告書では、現行法の枠内で取り組む方法として、次の三つがあるとしている。
①一部事務組合・広域連合
②機関等の共同設置
③事務委託
池田氏は、共同化は「効率化・公平性確保・人材確保に資する」と評価しているが、次の課題があると指摘された。
それは、潜在的コスト・説明責任・共同化推進エンジンの不在である。
一つ目は、関係する市町村のシステムの統一や評価基準の統一が必要であるが、民間委託していることもあり、統一が難しく時間もかかり、コストが増大する可能性があり、
二つ目は、説明責任は市町村にあるが、評価の内容が分からないので、市町村が説明で

きないことが予想され、三つ目は、誰が音頭を取るか・人事はどうするか・負担はどうするか等が問題になると指摘された。

池田氏が指摘されたように、評価の共同化のハードルは高いが、放置していては市町村も納税者も困るのではと思われる。

筆者は、やむを得ないので緩やかな共同化を進めたら良いのではと考えている。評価は長い経験と専門知識が必要なため、近隣町村と話し合い、任意の組織を作り、ここに経験のある再任用職員を派遣したらどうかと思っている。評価に専念する組織であるから、３６５日評価のことを考えることができるので、スキルは更にアップし、適正評価に資するものと思われる。この任意の組織は、共同の作業場であり、お互いに情報交換しながら基本的には派遣先の市町村の評価に専念することにする。そうすると、説明責任は当該職員が負うことになるので、問題はない。システムや評価基準は共同作業の中でチエを出し合えば良いと思っている。

また、共同の作業場であるので、負担はこれまでの評価コストを点検すれば、かなりの部分は解決すると思われる。

現在のように標準宅地は不動産鑑定士に、それから先はシステム業者に委託していると、評価の中身はブラックボックスとなり、結局説明責任は果たせないことになる。せめて、共同作業場の設置くらいできないかと、一人気をもんでいる

第　九　章

固定資産税と
行政サービス

これまで、固定資産税は行政サービスの対価と考えられ、行政サービスの質量は土地価格に関連していると思われていた。

しかし、少子高齢化とこれに伴う人口減少により、不動産に対する需要は激減する一方、拡大した市街地に整備されたインフラの維持管理に要するコストは、その老朽化と相まって、上昇しても下落することはない。

行政サービスの対価を土地価格で計るのは、どう考えても無理と言わざるを得ず、事実、免税点未満の土地が増大し、やがて税収がゼロになるかもしれないと予想される中で、時価主義を維持するのは無理と考える。

この章では、行政サービスのあり方について考えてみたい。

1. 固定資産税の性格

固定資産税は地方財政における基幹税目であるが、これまでの研究から、同税は地方公共財サービスに対する費用負担の視点から要請される「応益原則」を適用するのに相応しい税である、とされている。

これまで、固定資産税は応能負担とする税なのか、応益負担とする税なのか議論されてきたが、現在ではほぼ応益負担とする税である、と解釈されている。

つまり、少なくとも土地については地方行政サービスの便益が外部効果を通じてその地域の地価に影響を与え、そのことにより土地所有者が間接的に利益を得ると考えられている。

一般的に提供されるインフラや行政サービスは、市町村毎にその水準が異なるが、それは、人口や産業の集積の程度に依存し、その結果として地価水準に差が出ると考えられている。

したがって、市町村毎に市町村の実情に応じた行政サービスの対価として固定資産税を賦課することが相応しいとされている（『土地税制の研究』財団法人日本住宅総合セン

ター発行、目良浩一・坂下昇・田中一行・宮尾尊弘著）。

しかしこれまでの議論は、行政サービスの増大によって必ず地価は上昇するという前提であったとしか考えられない。

大都市圏を中心にここ数年地価水準は大きく回復してきたが、地方は依然として回復の兆しさえ見えない。

他方、バブル崩壊後、地価水準が大きく下落している間に行政サービスが大きく低下し、そのことが外部効果を通じて地価にマイナスの影響を与えたかというと、そのような形跡は全く見られない。

確かに地方経済は疲弊しつつあるが、だからといって行政サービスが大きく低下しているかと言えば、財政再建団体を除き、そのような兆候はほとんど見られない。

つまり、景気対策や過疎対策等もあって、地方市町村においてはこの間も継続して道路・公園・下水道・公共施設等のインフラの補修・整備は着実に行ってきたが、その間地価水準は下落の一途を辿っている。これらの現象を表層的に見れば、地価水準と行政サービスとの間には、ほとんど関係が見られないとしかいえない。

2．少子高齢化と行政サービス

固定資産税が応益税であるとする考え方も、分からなくはない。

しかし、行政サービスのうち、上・下水道等は独立会計となっており、少子高齢化による人口減少により利用人口が減ると、利用料金を値上げせざるを得なくなる。

何故なら、これらのライフラインは連続しているため、利用者が減少したからといってコストの削減ができないからである。

つまり、ライフラインの維持・管理費は、一定の利用者を前提に市町村内にくまなく整備されており、それらは全て上流から下流に向かって連続しているので、ショートカットすることはできない。

道路や橋は、通行止め等をして維持・管理を部分的に止めることはできるが、ライフラインはそれができないので、人口が減少しても維持・管理費を抑えることはできない。

維持・管理費のような固定費は、人口にかかわらず一定額が必要なため、利用者が減少すれば一人当たりの負担が増え、利用料金を上げるしかないことになる。

一方、地元住民の生活を考えれば値上げにも限度があるが、そうすると足りない分は一般会計から補填するしかなくなる。

しかし、一般会計も住民税の減少・地価下落による固定資産税の減少に悩まされており、対応にも限界がある。

実際に、夕張市では財政破綻により職員が大幅に削減されたが、それにより現役世代のかなりの人が他の町へ移動し、人口は激減した。

しかし、ライフラインのコストカットには限界があるので、利用料金はほぼ倍になった。行政サービスが変わらないのに負担が倍になれば、生活の苦しい住民は新天地を求めて負担の少ない他の市町村へ移動することになる。

事実、夕張市はそうなってしまった。

人口問題研究所の２０４５年の長期人口推計によれば、夕張市は70％以上の人口減少が予想されている。

一方、東京は人口が減少することはないので、ライフラインの利用料金は夕張市の半分以下のままとなる。

とすれば、東京一極集中の是正は、夢の又夢ということになる。

降雪地帯は除雪費用も重荷となり、一人当たりの負担は増えても、減ることはない。

人口減少が地価水準の下落を招き、住民税・固定資産税等の税収は減少し、一人当たりの行政サービスの対価は増大する。

反対に、人口増加は地価水準の上昇を招き、税収は増加するため、一人当たりの行政サービスの対価は低下する。

ということは、固定資産税を応益税と考えるには、無理があるとしか言えないことになる。

3．地価水準と行政サービスの対価

週刊ダイヤモンド２０１９年１月19日号の全国水道ランキングによれば、ワースト３とベスト３及び２０１９年１月の公示価格の平均は、次ページのとおりである。

全国水道ランキング

ワースト3

市町村	水道料金	平均公示価格	人口
埼玉県 寄居町	7,695円	35,400円/㎡	33,843人（H30.4.1）
北海道 江差町	6,965円	19,600円/㎡	7,956人（H29.3.末）
北海道 夕張市	6,852円	3,800円/㎡	8,066人（H31.1.末）

ベスト3

市町村	水道料金	平均公示価格	人口
兵庫県 赤穂市	961円	48,017円/㎡	47,839人（H30.12.末）
和歌山県 白浜町	1,070円	35,500円/㎡	21,377人（R1.6.末）
山梨県 富士河口湖町	1,195円	39,166円/㎡	26,553人（R1.7.1）

これをみると、地価水準と行政サービスの一部である水道料金との間に応益性はみられない。

因みに、夕張市の公示価格はワースト1位である埼玉県寄居町の約10％にもかかわらず、水道料金は10％程度の差しかない。赤穂市と比較すると、地価は約８％なのに、水道料金は7倍となっている。

つまり、地価水準が行政サービスの対価性を示していないということは、応益性がないに等しいということになる。

4．固定資産からの税収がゼロとなる日

固定資産税の課税標準額（評価額ではない）が、土地は30万円・建物は20万円・償却資産は１５０万円に充たない場合は、課税されない。

尚、これは一物件毎ではなく、同一市町村内で同一人が所有する土地・家屋・償却資産のそれぞれの課税標準額の合計が、前述の金額に満たない場合をいうとされている。

例えば、土地の課税標準額が25万円・家屋の課税標準額が25万円と仮定した場合、土

地については30万円未満のため免税、家屋は20万円以上のため課税となる。

但し、一人で同一市町村に複数の土地を所有していれば、それぞれの土地が30万円未満でも、合計すると30万円を超えるため、両方とも課税対象となる。価値の無い土地を沢山所有している人は、免税点についても理解しておくことが必要である。

ところで、仮に時価ベースの住宅地の価格を5千円/㎡とすると、固定資産税評価額は、土地については時価の7割とされているので、この場合の評価額は
5,000円/㎡×0.7＝3,500円/㎡となる。

但し、住宅用地以外は、負担水準（70％）の調整がされるので、この場合の評価格は
3,500円/㎡×0.7＝2,450円/㎡となる。

因みにこの価格は、夕張市の公示価格の平均に近いので、このような市町村は全国的にみればかなりの割合になるものと思われる。

次いで、小規模住宅用地（2百㎡以下）については、評価額の6分の1が（2百㎡を超える土地は3分の1）課税標準となるので、3,500円/㎡×1/6≒583円/㎡が2百㎡以下の土地の課税標準額となる。

よって、583円/㎡×200㎡＝116,600円となり、この場合の土地は免税点（30万円）に満たないので、固定資産税は課されない。

地価水準の低い市町村では、一筆当たりの地積が２百㎡を超える土地が多いので、この例を前提に何㎡までの土地が免税になるか計算してみると、次のとおりとなる。

２百㎡を超える部分の課税標準額

3,500円/㎡×1/3≒1,166円/㎡

免税点

(30万円−116,600円)÷1,166円/㎡≒157㎡

以上から、時価を５千円/㎡と仮定すると、この場合の住宅用地は３５７㎡（200㎡＋157㎡）までなら免税となる。

田舎で一宅地百坪程度の土地はザラにあるので、公示価格ベースで５千円/㎡程度になると、３５７㎡までの住宅用地は全て免税点となるので、このような自治体における住宅用地からの固定資産税収はゼロとなる。

併用住宅地・店舗用地・工場用地等については、ゼロになることは少ないと思われるが、住宅用地からの税収がゼロとなれば、地方財政にとって相当厳しい状況になるものと思われる。

住宅用地からの税収がゼロになっても、ライフラインが必要であることに変わりはないので、前記で述べたように利用料金の大幅な値上げをするより他はないことになるが、そうすると行政サービスの対価に耐えられない住民は、他の市町村へ移住することになり、過疎化を加速させる。

そのことにより、土地需要は減少し、地価水準は更に下落し、免税点未満の土地が増加し、自治体は存亡の危機にさらされる。

我々は、文明の恩恵に浴した結果、負担と受益を別のものと考え、地方自治とは何かを考えるチャンスを失ったような気がする。

これも行き過ぎた中央集権が地方のパラサイト意識を育てた結果なのかもしれないと思われる。

地方創成と中央が音頭を取ったところで、パラサイト体質が変わらなければ、地方自治は絵に描いた餅となる。

このまま行けば、地方自治を放棄し、戦前のように全てをお上に任せるしかなくなる日が近いのではと思われる。

第　十　章

納税者の無関心と
行政の無謬性

大都市圏はともかく、地方圏では固定資産税収は減少し続けている。地方自治のあり方は、それを支える財源と切り離すことはできない。評価の誤りが多いと文句を言ったところで、地方が消滅すればゴーストタウンとなり、不動産は財産ではなく引き取り手のいない罪産にしかならない。相続人も、このような不動産では相続する気は起きず、相続放棄するか、所有権の放棄ができるなら、放棄することになるものと思われる。

ところで、日本の行政システムは比較的良くできていると思われるが、縦割行政の弊害が評価の段階で表面化し、評価上の取扱いに苦慮することが多い。

納税者も間違うのはケシカランと騒ぐので、行政側も都合の悪い情報は隠し、間違っていないと主張する。

行政と住民が対立すると、地方の自治はもたない。

情報を公開し、問題点を共有しなければ、解決への道筋は見えてこない。行政は無謬性に拘らず、納税者も自分のことと考え、無関心から脱却することが地方創成の一歩ではと思われる。

1．固定資産税に対する納税者の無関心と行政の無謬性

前述したように、固定資産税は賦課主義のため、納税者は自分の知らない所で評価され、課税されるため、余程のことがない限り疑問を持つことがない。

仮に疑問を持っても、課税の仕組みを知らないので、窓口で感情的に文句を言っても担当者も良く知らないことが多く、間違っていないと回答するだけのことが多いようである。

日本人は、江戸時代からお上に楯突くことをあまり好まず、役所もお上意識が強いため、憲法に主権在民と書いてあっても、気にすることはないようである。

ところで、固定資産評価の仕組みは極めて複雑であり、これに国土情報の不備や行政情報の不完全さや不統一、さらには行政内部における情報共有の不徹底さもあって、全体を適正に把握し、評価することは不可能と断言する。

個人的な経験ではあるが、固定資産評価に携わって早40年近くにもなるが、課税誤りの温床は、日本の行政システム上に広く深く横たわっているとしか思えない。

納税者も課税庁も全体の理解ができないので、モグラ叩きのように個別の間違い探し

で一喜一憂しているが、課税誤りは制度上の問題に起因していると言わざるを得ない状況にあるため、どれ程の時間と人員と費用を注ぎ込んでみても、１００％の解決は無理だと思っている。

このような状況では、納税者も理解できないので、無関心となるのはやむを得ないが、一方税務課も、課税実態を総点検するための時間も人手も予算もないので、取り敢えず正しいと主張するしかないのも理解できるのである。

個人的にな感想を言えば、ある程度経験を積んだ筆者でも、評価を評価基準どおりに間違いなくできるとは、とても言えない。

実際問題として、税務課が評価に関する全ての行政情報を適切に保有・管理し、精度も高いのであれば別であるが、現実は縦割行政の中で情報共有も不十分で、対応できないからである。

例えば、建築指導課における建築確認の内容や建築基準法上の道路の扱いに問題があったとしても、税務課にそれを指摘できても、訂正する権限はない。

ある納税者から「家を建てようと思い、建築確認申請をしたものの、建築基準法上の道路に該当しないので建築できないと言われたのに、固定資産評価は建築可能なことを前提に評価されていた」と相談を受けたことがある。

このようなケースで裁判になった例を前記で紹介したが、実はこのようなケースは稀ではないのである。

税務課の職員に建築基準法上の知識を要求しても、そもそも経験がなく、評価の訓練を受けていないので、良く分からないということになる。

つまり、納税者が気がつかなければ、評価が見直されることは少ない。

税務課は、課税誤りを認めると税の還付をしなければならないが、課税誤りを前提に還付額を予算することはできない。

したがって、財政状況等を考えると、課税誤りを認めることはできないと考えるのも、仕方がないと思われる。

制度上の欠陥を考えると、納税者と税務課が相互に協力しなければ、固定資産評価の適正化は困難と考える。

住民でもある納税者（不在地主は別として）と税務課が反目し合っていては、民主主義が泣こうというものである。

行政は無謬性にこだわらず、納税者の協力を得て、行政サービスの対価でもある固定資産税について協議できるようになって欲しいと願っている。

課税誤りの大半は、国土情報や行政情報の相互連携とその不備に尽きると思っている。これをシステムエラーではなく個人のヒューマンエラーと考えているうちは、固定資産評価を巡る問題は解決できないと考える。

2. 所有者不明土地・家屋の問題

昨今、所有者不明の土地・家屋の問題が、マスコミを賑わせている。管理されないこれらの不動産は、環境上も問題であり、危険でもある。

他方、何故このような不動産が増えるかというと、それこそ沢山の原因があって、これを行えば大丈夫というような状況にはない。

政府は、所有者問題について、登記の義務化や所有権放棄について検討しているが、これだけではどうにもならないと思っている。

その最たる原因は、これらの不動産の大半が、経済的価値を喪失しているからである。借りる人も買う人もいないので放置される。建物を壊せば、小規模住宅用地の特例を受けられなくなり、固定資産税は単純に言えば6倍になる。

しかし、土地の時価が5千円/㎡とすると、評価額は70万円（5,000円/㎡×0.7×200㎡）に跳ね上がるが、これに標準税率の1.4％を乗じても、固定資産税は年9千8百円にしかならない。

一方、建物はボロ屋でも100万円前後（規模にもよるが）とすると、その税額は1万4千円になる。経済合理的に考えれば、土地の税額が6倍になっても建物を壊した方が税負担は低くなるのに、マスコミは何故か6倍になることが問題としか報道しない。

では何故壊せないかというと、取壊し費用が土地代をはるかにオーバーし、かつ更地にしても売れないからである。

このような家屋を所有しているのは高齢者が多いので、壊した方が税負担が軽くなると分かっていても、病気や葬式のことを考えると、多額の取壊し費用を一時に支出することに抵抗を感じるのは仕方がないのである。

仮に、取壊し費用を150万円とすると、年間1万4千円（建物の固定資産税）を支払っている方が経済的負担が少ないので、空家として放置することになる。特定空家に指定されると、小規模住宅用地の特例を受けられなくなるが、それでも年額2万3千8百円である。

150万円かけるより、2万3千8百円払っている方が負担が少ないので、結局放置する方が安上がりとなる。10年間払っても23万8千円で、取壊し費用の15％にも満たない。そのうち自分も死ぬので、後は知らないということになる。

また、このような経済的価値のない不動産を相続する人はいないので、相続も放棄することになる。

相続放棄しても、固定資産税は相続人が連帯して支払うことになるものの、このような不動産に登録免許税や司法書士の手数料を支払ってまで登記しようとする人は少ない。登記の義務化をしても、罰則がなければ有名無実化する可能性が高い。そのうち二次相続・三次相続が発生すれば、いずれ所有者は不明となる。

大都市のように経済的価値が高ければ、問題処理による利益が期待できるので何とかできるのではと思われるが、問題は何の利益もない土地である。

特に、列島改造ブームで全国的に流行した原野分譲地は、全国的に膨大な数にのぼるが、その実体は不明である。

更に問題なのは、これらの土地の大半は免税点未満であるため、固定資産税の納付書も発行されない。親が40年以上も前に買った土地が何処にあるのかさえ分からない。権利証も紛失し、納税通知書も何十年も来ないとなれば、これらの土地の相続人は、相続財産があるということすら認識できない。

これから発生する相続物件について登記を促すことはできても、原野分譲された土地は、そもそもあるという認識がないので、登記されることもない。

市町村も、納付書を発行したことがないので、一体どのくらいの所有者不明土地があるのかさえ把握していない。

3．所有者不明土地を減らすために

相続登記の義務化は、相続人が相続した土地があると認識している場合には機能すると考えるが、そもそもそのような土地があるとの認識がなければ、登記を促すこともできない。全国約1億8千万筆といわれる土地のうち、免税点未満の土地がどれ程あるかは分からない。研究発表によれば、所有者不明土地の面積は九州と同じくらいあるとの推計があるが、どのくらいの筆数があるかは定かではない。

いずれにしても、免税点未満ということは、経済的価値がほとんど期待できないということと同義的と考えられるので、所有者もこのような土地に関心は持たない。

自治体も、税収の期待できないこのような土地について、積極的に対応しようとしても、厳しい財源の中では無理と思われる。

特に、経済的価値の期待できない土地が多い過疎市町村では、尚更のことである。

そこで、免税点未満の土地・家屋については、固定資産税ではなく、課税台帳管理手数料を徴収することを提案する。

手数料であるから、税法改正の必要はなく、条例改正で対応可能と考える。手数料も最低の固定資産税との兼ね合いから、1筆2千円〜3千円（年間）程度にすれば、納税者もギリギリ負担できるのではと思われる。

また、議会も手数料であるから、特に反対しないものと思われる。国土の荒廃を避けるためにも、その是非について国民的議論を期待したい。

尚、課税台帳管理手数料は、固定資産税の納付書の発送時期と同一にし、納付は一回払いにし、全国のコンビニから振込むことができれば、納税者も楽ではと考える。

但し、免税点未満の土地・家屋全てに手数料を請求しても、そもそも相続登記や住所変更登記がされていないことが多いので、大雑把にいっても約半数は宛先不明で戻ってくる可能性がある。

それでも、郵送料等の諸経費は賄えるであろうし、何より、所有者不明であることを確認できるだけでもその価値は高い。

他方、自治体にしても、実数を確認することによって所有者不明土地問題を実感できるし、また、どうあるべきかを議論できるようになるのではと思われる。

漠然とした不安だけが先行しているが、中央政府に任せてばかりもいられないと考える。

これらの問題は、地方住民に直接降りかかってくる可能性があり、他人事では済ませられない。所有者不明土地の所有者のほとんどは不在地主であるから、地元住民に降りかかるかもしれない問題に関心がないというか、そもそも関心の持ちようがない。

かくて、国土は荒れるがままになる可能性がある。

4. 外国人土地法制の整備の必要性

これまで、土地問題は国内の問題であった。

しかし、世界的にみて、異質な国の文化に憧れる外国人が多くなっている。特に、政府の観光政策の後押しもあって、外国人観光客は急増している。

その一方で、アジアの経済成長は著しく、これらの国の富裕層の一部は、日本の土地を買い始めている。

特に、水源となる山林が買収されるのは問題であるとして、全国に先駆けて、北海道では平成24年4月1日に水資源条例を制定した。

この条例では、水資源となる地域を指定し、山林売買の届出をさせようとするものである。取引当事者を事前に確認し、適正利用を促すものであるが、取引そのものを規制するものではない。

水資源となる山林以外の取引については、届出制ではなく、国土利用計画法に基づく成約の事後報告のみである。

ところで、バブル期には、日本が世界中に出て、外国の不動産を買いまくったが、バブル崩壊と共に、不動産投資は国内に回帰した。

あれから30年、今は経済成長著しい東南アジア諸国の富裕層による不動産投資が目に付くようになった。

これらの人々は、水資源となる山林ばかりではなく、農地やリゾート地、都市部の土地等を買収している。ここ数年は、田舎の一般的な土地・建物の取引も見られるようになった。

さらに、農地保有適格法人による、農地の取引も見られる。

取引態様も、個人取引もあれば、タックスヘイブンを経由した法人取引も多い。

特に、タックスヘイブンにある法人が買収した場合、その後の転売は不動産ではなく法人の売買とすることが大半であり、そのため、登記簿を見ても異動がないので、所有の実体はよく分からない。登記上の異動がないので、登録免許税・不動産取得税も課税されない。日本の税法をすり抜ける上手い方法と感心する他はない。

東南アジア諸国では、日本のように住民登録がほぼ完璧に機能しているかどうか分からないので、固定資産税の納付書を送っても、到達しているのかどうかさえ良く分からない。これらの国々の人が個人で買い、その後相続が発生した場合、一体どのようになるのであろうか。

国内向けの法整備では、これからも増大するであろう外国人による土地等の買収に対応できないのではと思われる。

ところで、外国人による不動産取引について、規制する法律はあるが、この法律を運用するための政令がないので、事実上、外国人土地法はないことになる。

事実、民主党政権時代の菅直人首相は、２０１０年10月の参院予算委員会で「規制には政令が必要であるが、現在は存在せず、事実上この法律も有名無実になっている」と答弁している。

因みにこの法律は、１９２５年（大正14年４月１日）に公布されている。

この法律は、全6条からなり、第1章では外国人による土地取引を禁止するのではなく、相互主義により相手国と同様のルールで取引させようとしている。

第4条では、国防上必要な地区については、外国人（法人を含む）による土地取得の禁止や、条件・制限を加えることができるとしている。

確かにこの法律をこのまま適用するのは難しいが、かといってこのまま放置しておくのもどうかと思われる。

特に、地方自治体にとっては、所有者が外国にいると固定資産税の徴収に手間取ることが予想される他、相続によっても登記されないと、徴収不能となる可能性もある。悪くすると、所有者不明になり、免税点未満になると、手の出しようもなくなる。

外国人土地法の制定が難しいのなら、せめて地方自治体のために外国人（法人を含む）による不動産取引に際しては、日本国内に納税管理人を置くことを義務づけて欲しいと願っている。

所有者不明土地問題は、もはや国内問題ではなく、国際的問題と考える必要がある。

おわりに

固定資産評価に関する問題を、課税庁・納税者・各専門家・マスコミ等の視点から、批判的に検討した。

これまで、固定資産税の基となる土地・家屋の評価をどうするかという研究発表や解説等の書籍は数多く発行されているが、その多くは課税庁側の視点に立っている。

課税誤りの大半は、制度上の問題に起因していると考えているが、これまでのように行政の無謬性を過信し、課税誤りは全てヒューマンエラーとされたのでは、担当者もたまらないだろう。

そもそも生まれる前から評価されており、その前提条件がたまたま間違っていたとしても、先輩あるいはそのまた先輩の間違いなのかもしれないのである。

全ての行政システムは、ヒューマンエラーがあるということを前提にシステムを構築しなければいけないと考える。

固定資産評価は複雑極まりなく、全てに通暁する専門家はいない。

納税者も課税庁を責めるのではなく、限られた予算と時間と人員の中で地方自治における受益と負担の割合をどうすべきかを考えるべきである。

人口減少の前にできることは少なく、稀少性経済学が通用しなくなった今、過剰性に悩まされる不動産の処理と行政サービスのあり方について、根本的に考える必要があると考え執筆した。

読者の一人でも、固定資産評価について考えていただけるようになったら、望外の喜びである。

尚、内容等は筆者の経験等に基づいたものを主としており、浅学・非才のため間違い・勘違い等があるかもしれないが、文責は全て筆者にあるので、ご容赦願うものである。

最後に、これまでに貴重な経験をさせていただいた行政の皆様、ご指導をいただいた先輩の皆様に感謝申し上げます。

参考文献等

1．『固定資産評価基準解説（土地篇）』
（一般財団法人地方財務協会、１９８４．７発行、２０１８．５発行）
2．『固定資産評価基準解説（家屋篇）』
（一般財団法人地方財務協会、１９８７発行、２０１８．５発行）
3．『怒りの固定資産税』（奈良新聞社、１９９６．12発行）
4．『固定資産税の現状と納税者の視点』（株式会社六法出版社、１９８８．４発行）
5．藤原勇喜　著『公図の研究』（大蔵省印刷局、１９８６．１発行）
6．宅地固定資産評価研究会編（堀川他共著）
『宅地の固定資産評価事務取扱要領作成マニュアル』（ぎょうせい、１９９７）
7．堀川裕巳　著『固定資産評価のあり方を考える』
（Evaluation、２０００）
8．ＭＩＡ協議会固定資産評価システム部会編
『実践固定資産税土地評価実務テキスト』（ぎょうせい、２００２）

9. 堀川裕巳 著『岐路に立つ固定資産評価』(Evaluation、2002)
10. 堀川裕巳 研究発表『固定資産評価のあり方を考える(第7回固定資産評価研究大会報告)』(財団法人資産評価システム研究センター、2003)
11. 堀川裕巳 研究発表『固定資産評価(土地)と現況主義について(第11回固定資産評価研究大会報告)』(2008)
12. 堀川裕巳 研究発表『曲がり角にきた地方財政と土地評価の課題(第12回固定資産評価研究大会報告)』(2009)
13. 堀川裕巳 研究発表『固定資産(土地)と現況主義』(資産評価政策学13巻1号、2010)
14. 堀川裕巳 研究発表『固定資産税評価事務の現状と現場からの視点及び提言』(資産評価政策学会論文集、2017)
15. 堀川裕巳 研究発表『固定資産評価評価制度の問題点と誘発される所有者不明土地』(日本不動産学会、2018)
16. 朝日新聞経済部『ルポ税金地獄』(文春新書、2017.3)

17．森田義男　著『まちがいだらけの土地評価』（株式会社週刊住宅新聞社、１９９６．11．７）
18．エコノミスト『固定資産税の大問題』（毎日新聞出版、２０１７．４．11）
19．エコノミスト『固定資産税を疑え！』（毎日新聞出版、２０１８．５．15）
20．野澤千絵　著『老いた家衰えぬ街』（講談社現代新書、２０１８．12．20）
21．ＮＨＫスペシャル取材班　著『縮小ニッポンの衝撃』（講談社現代新書、２０１７．７．20）
22．三木義一　著『税のタブー』（インターナショナル新書、２０１９．７）
23．平野秀樹　著『日本はすでに侵略されている』（新潮社、２０１９．11．20）

表紙イラスト：有限会社ＴＯＭＡＣ　成田正広
本文中イラスト：いらすとや

●著者略歴
堀川　裕巳（ほりかわ　ひろみ）
1947年、北海道生まれ。明治大学法学部卒業。
不動産鑑定士・土地区画整理士

土地区画整理コンサル会社を経て独立、北央鑑定サービス株式会社代表取締役
（一社）日本資産評価士協会理事
ASA（米国鑑定士協会）会員、上級資産評価士（不動産・機械設備）
札幌地裁・旭川地裁の競売不動産の評価に約35年従事。
（公財）区画整理促進機構登録専門家
恵庭市空家等対策協議会会長・恵庭市シティセールス検討委員会委員長
●主な寄稿歴等
金融財政事情・金融法務事情・月刊不動産鑑定・Evaluation・
資産評価政策学会・鑑定雑感（Evaluation・2015．1．15）等

固定資産評価解体新書

2020年4月19日　初版第1刷発行

著　者　堀川裕巳（ほりかわ・ひろみ）

発行所　ブイツーソリューション
〒466-0848 名古屋市昭和区長戸町4-40
電話 052-799-7391　Fax 052-799-7984

発売元　星雲社（共同出版社・流通責任出版社）
〒112-0005 東京都文京区水道1-3-30
電話 03-3868-3275　Fax 03-3868-6588

印刷所　モリモト印刷

ISBN 978-4-434-27303-2